"一带一路"建设背景下中国境外经贸合作区的贸易畅通效应及可持续发展研究

张相伟 著

中国财经出版传媒集团
中国财政经济出版社

图书在版编目（CIP）数据

"一带一路"建设背景下中国境外经贸合作区的贸易畅通效应及可持续发展研究／张相伟著．－－北京：中国财政经济出版社，2023.8

ISBN 978－7－5223－2489－0

Ⅰ．①一… Ⅱ．①张… Ⅲ．①"一带一路"—对外经贸合作—国际合作—研究—中国 Ⅳ．①F125

中国国家版本馆CIP数据核字（2023）第169547号

责任编辑：苏小珺　　　　　责任校对：胡永立
封面设计：北京兰卡绘世　　责任印制：党　辉

"一带一路"建设背景下中国境外经贸合作区的
贸易畅通效应及可持续发展研究
"YIDAI YILU" JIANSHE BEIJINGXIA ZHONGGUO JINGWAI JINGMAO HEZUOQÜ
DE MAOYI CHANGTONG XIAOYING JI KECHIXU FAZHAN YANJIU

中国财政经济出版社 出版

URL：http：//www.cfeph.cn

E－mail：cfeph@ cfeph.cn

（版权所有　翻印必究）

社址：北京市海淀区阜成路甲28号　邮政编码：100142
营销中心电话：010－88191522
天猫网店：中国财政经济出版社旗舰店
网址：https：//zgczjjcbs.tmall.com
北京财经印刷厂印刷　各地新华书店经销
成品尺寸：170mm×240mm　16开　10.75印张　165 000字
2023年9月第1版　2023年9月北京第1次印刷
定价：68.00元
ISBN 978－7－5223－2489－0
（图书出现印装问题，本社负责调换，电话：010－88190548）
本社质量投诉电话：010－88190744
打击盗版举报热线：010－88191661　QQ：2242791300

前　言

当前世界正经历百年未有之大变局,国际政治、经济局势复杂多变。"逆全球化"的思潮愈演愈烈,单边保护主义不断蔓延,国际经贸摩擦日益加剧,全球经济发展所面临的不确定性日益增加。全球经贸合作面临的外部环境将更加复杂,中国在参与全球经贸合作过程中,也面临新的风险和不确定性。但是,中国仍然坚持推进高水平开放,推动构建新发展格局,全面深度融入全球经贸合作网络,以高水平开放惠及世界,实现全球共同发展。

党的二十大报告明确指出,"推进高水平对外开放","稳步扩大规则、规制、管理、标准等制度型开放","加快建设贸易强国","推动共建'一带一路'高质量发展","维护多元稳定的国际经济格局和经贸关系"。而境外经贸合作区作为中国企业在"走出去"和参与世界经贸规则构建探索中形成的经贸合作新方式,不仅体现了"一带一路"倡议中"共商、共建、共享"的根本原则,也与当今世界国际合作与经贸规则的新趋势相契合。由于契合双方的利益诉求,境外经贸合作区被商务部视为中国"一带一路"建设的重要承接点,以及新时期中国对外开放和构建利益和命运共同体的重要载体。

自2006年底中国在巴基斯坦建立第一个境外经贸合作区以来,中国境外经贸合作区的建设取得了长足发展,有力促进了双边互利共赢、共同发展。目前,中国境外经贸合作区已成为新时期世界各国互利合作的样板和关注焦点,并且"一带一路"的官方文件《推动共建丝绸之路经济带和21世纪海上丝绸之路的愿景与行动》也指出,投资贸易合作是'一带一路'

建设的重点内容"。因此，在当前保护主义和反全球化泛起的背景下，探究境外经贸合作区的贸易畅通效应及可持续发展，对于探索如何深入推进"一带一路"建设，实现中国推进贸易强国建设和构建"双循环"新发展格局，具有重要意义。

　　基于上述分析，本课题以中国境外经贸合作区为研究对象，从现实考察和文献研究出发，采用案例分析、实地调研和比较分析的方法，在系统分析中国境外经贸合作区的内涵和发展历程，以及中国境外经贸合作区的发展现状和特点的基础上，构建了境外经贸合作区影响贸易畅通的理论分析框架；同时基于中国省级层面和跨国层面的面板数据，构建面板固定效应计量经济学模型，实证检验了境外经贸合作区对中国双向直接投资和对外进出口贸易的异质性影响。最终，根据研究结论，构建了中国境外经贸合作区可持续发展的政策促进体系和具体路径，使其成为中国参与全球经贸合作，促进中国贸易畅通的重要载体和有力抓手，实现开放融通和中国经济高质量发展。

　　本课题研究发现：境外经贸合作区本质上不仅是以产业园形式的一种境外直接投资方式，在一定程度上也是一种区域合作方式，与当代国际经贸规则的新趋势和"一带一路"倡议"共商、共享、共建"的原则相契合；中国境外经贸合作区经历了自主自发建设、政府主导和企业申办、政府扶持三个阶段，目前中国境外经贸合作区建设已取得了显著发展成效。尤其是2013年中国"一带一路"倡议的提出，中国境外经贸合作区进入了快速发展阶段。根据商务部统计，截至2022年底，中国已建成境外经贸合作区200多家，其中近七成分布在"一带一路"沿线国家和地区，有力地促进了双边互利共赢、共同发展。中国境外经贸合作区的投资主体以民营企业为主，投资类型以农业产业型为主，科技研发型较少，主要投资动机为开拓东道国市场和利用东道国资源；在构建新发展格局背景下，随着中国新一轮对外开放深入推进，中国境外经贸合作区建设将迎来良好的发展机遇。但是，同时也存在若干问题——发展水平普遍较低，园内企业入驻率低；东道国土地开发不顺畅，配套支持不足；东道国投资环境不稳定,投资风险较大,资金和政策支持不足;等等。

境外经贸合作区具有促进中国双向直接投资的载体功能和集聚效应,通过降低东道国地缘政治风险、双边优惠政策支持、弥补东道国基础设施不足、促进双边民心相通、弥补东道国金融发展不足而缓解企业融资约束以及增强双边政治外交关系等途径,影响中国与东道国之间的双边直接投资。境外经贸合作区通过投资引致效应和区域合作效应,影响双边对外进出口贸易规模和贸易结构。

本课题基于中国省级层面和跨国层面面板数据,证实了境外经贸合作区对中国贸易畅通的异质性影响。

境外经贸合作区对中国贸易畅通影响的省级层面的证据表明:境外经贸合作区有效发挥了企业"走出去"的载体和平台作用,显著促进了各省的对外直接投资,已成为各省充分利用国内和国外市场配置资源,实现产业转移和产业结构升级的重要途径。境外经贸合作区通过吸引企业到东道国投资建厂、服务东道国市场而对各省对外出口贸易规模具有替代作用。境外经贸合作区对中国各省对外直接投资的促进作用和对外出口贸易规模的替代作用在2006年之后比较显著;境外经贸合作区对各省贸易畅通的影响存在区域异质性和时间异质性。境外经贸合作区主要促进了中西部地区的对外直接投资,降低了中西部地区对外出口贸易规模。境外经贸合作区主要促进了东部地区实际利用外商直接投资,增加了东部地区的进口贸易规模。

境外经贸合作区对中国贸易畅通影响的跨国层面的证据表明:境外经贸合作区有效发挥了中国企业"走出去"的载体功能,通过弥补东道国基础设施建设不足、降低东道国不确定性风险、促进双边民心相通、弥补东道国金融发展而缓解企业融资约束等机制促进中国对外直接投资的发展,而且境外经贸合作区对中国对外直接投资的促进作用在"一带一路"沿线国家和非"一带一路"国家、发达国家和发展中国家、RCEP国家和非RCEP国家之间存在差异。

境外经贸合作区通过依靠两国之间良好的外交关系以及双边优惠政策,以及促进双边交流往来等机制促进了中国实际利用外商直接投资,而且境外经贸合作区对中国实际利用外商直接投资的促进作用具有国家异质性和时间异质性，境外经贸合作区主要促进了发达国家和非"一带一路"沿线国家对中国的直接投资，境外经贸合作区对中国实际利用外商直接投资的影响在2006年之前比较显著。

东道国境外经贸合作区的建立对中国出口贸易水平具有替代作用，境外经贸合作区促进了中国劳动密集型产品出口，降低了中国资本密集型产品出口。而且境外经贸合作区对中国出口的影响在"一带一路"沿线国家和非"一带一路"沿线国家以及发达国家和发展中国家具有异质性，境外经贸合作区对中国向发达国家出口贸易的影响大于向发展中国家出口贸易的影响。

境外经贸合作区使中国企业通过跨国直接投资直接利用东道国的资源进行生产，减少了中国从东道国进口生产所有原材料和中间品，从而降低了中国对东道国的进口贸易。境外经贸合作区促进了中国资本密集型产品的进口，降低了中国劳动密集型产品进口。境外经贸合作区对中国进口贸易的影响，在"一带一路"沿线国家和非"一带一路"沿线国家以及发达国家和发展中国家的影响具有异质性。境外经贸合作区增加了中国对发展中国家资本密集型产品的进口，降低了对中国对发达国家劳动密集型产品的进口。境外经贸合作区增加了中国从"一带一路"沿线国家资本密集型产品的进口以及从非"一带一路"沿线国家劳动密集型产品的进口。

上述结果证实了中国境外经贸合作区合作方式更加灵活，能够充分依托两国政府间的政治外交关系，加强双边沟通交流，促进中国与东道国之间的贸易畅通。为了进一步有效发挥境外经贸合作区在中国贸易畅通中的作用，促进境外经贸合作区可持续发展，中国应继续加强境外经贸合作区建设，以中国境外经贸合作区高质量发展为基本方向，以促进中国贸易畅通、中国外贸强国建设和经济高质量发展为目标，以"政府为主导、企业为主体、市场化运作"为原则，从企业层面和政府层面，构建新发展格局背景下中国境外经贸合作区可持续发展的政策促进体系和具体路径。

作者

2023年6月

目 录

第一章 引言 …………………………………………………… (1)
 第一节 研究背景和意义 ………………………………… (1)
 第二节 关键概念界定 …………………………………… (3)
 第三节 研究思路、方法、内容及创新点 ………………… (5)

第二章 国内外研究现状 ………………………………………… (9)
 第一节 中国境外经贸合作区发展的研究 ……………… (9)
 第二节 中国贸易畅通的影响因素研究 ………………… (14)
 第三节 文献述评 ………………………………………… (19)

第三章 境外经贸合作区贸易畅通效应的理论分析 ………… (20)
 第一节 境外经贸合作区的内涵 ………………………… (20)
 第二节 境外经贸合作区的贸易畅通效应 ……………… (22)
 第三节 本章小结 ………………………………………… (29)

第四章 中国境外经贸合作区发展的典型事实分析 ………… (30)
 第一节 境外经贸合作区的产生背景与发展历程 ……… (30)
 第二节 境外经贸合作区的发展现状和特点 …………… (35)
 第三节 境外经贸合作区发展所面临的机遇与挑战 …… (42)
 第四节 本章小结 ………………………………………… (44)

第五章　境外经贸合作区与贸易畅通的实证检验：省级层面的证据 …………………………………………………………（46）

　　第一节　研究设计 ……………………………………………（46）
　　第二节　实证结果及解释 ……………………………………（48）
　　第三节　结论与启示 …………………………………………（55）

第六章　境外经贸合作区与贸易畅通的实证检验：跨国层面的证据 …………………………………………………………（57）

　　第一节　境外经贸合作区与贸易畅通：对外直接投资 …………（57）
　　第二节　境外经贸合作区与贸易畅通：中国实际利用外商直接投资 ………………………………………………………（92）
　　第三节　境外经贸合作区与贸易畅通：对外出口贸易 ………（105）
　　第四节　境外经贸合作区与贸易畅通：对外进口贸易 ………（123）

第七章　研究结论与政策建议 ……………………………………（136）

　　第一节　基本结论 ……………………………………………（136）
　　第二节　政策建议 ……………………………………………（139）

参考文献 …………………………………………………………（143）

第一章 引 言

第一节 研究背景和意义

一、研究背景

改革开放以来，中国社会经济发展发生了翻天覆地的变化，取得了举世瞩目的辉煌成就，实现了前所未有的历史性跨越。正如习近平总书记所言，改革开放不仅是中国自 1978 年以来坚持的基本国策，也是 40 年来中国实现历史性跨越、经济发展跃上新台阶的秘诀。其中，在国内设立经济特区或各类产业园区便是中国改革开放中一条重要经验。中国经济特区的成功经验引起了发展中国家的广泛关注，20 世纪 90 年代中期以来，很多发展中国家的政要纷纷学习和借鉴中国园区发展经验来支持本国经济建设。在此背景下，中国企业开始探索到海外建立产业园区。这是境外经贸合作区（全称为"境外经济贸易合作区"）发展的早期探索阶段，一方面分享中国改革开放的经验和开发区的模式或工业园区的模式，另一方面也满足了中国企业自身海外业务发展的需要。

2006 年前后，在双方政府共同推动下，境外经贸合作区建设进入了新的发展阶段。中国和巴基斯坦双边政府共同推进的海尔—鲁巴经济区成为中国第一个境外经贸合作区。目前，境外经贸合作区不仅是中国向其他发展中国家输出发展经验的重要平台，也是中国企业抵御国际经营风险，"抱团出海"的重要产业集聚平台。自"一带一路"倡议提出以来，境外经贸合作区的战略地位更加凸显,被商务部定位为"一带一路"建设的重要承接点,2015年发布的《推动共建丝绸之路经济带和21世纪海上丝绸之路的愿景与行动》(以下简称《愿景与行动》)文件中更是提出了"探索投资合作新模式,鼓励合作建设境外经贸合作区、跨境经济合作区等各类产业园区,促进产业集群发展"。2019年1月发布的《对外直接投资统计制度》新增了"境外经贸合作区定义及合作区类型的统计界定标准"。因此,境外经贸合作区已成为新时期中国对外开放的重要载体和推进"一带一路"建设的重要节点和有力抓手。而且,《愿景与行动》中明确指出"贸易畅通"为"一带一路"建设的重点内容,并被学者视为"一带一路"建设的核心内容之一(金碚,2016)。

境外经贸合作区运行十多年来,已取得长足发展,但也面临诸多问题。故研究境外经贸合作区的贸易畅通效应,探究境外经贸合作区的可持续发展路径,对于实现开放融通和互利共赢,推进新发展格局下中国高水平开放和贸易强国建设,实现中国经济高质量发展具有重要意义。

二、研究意义

(一)理论和科学意义

第一,境外经贸合作区是中国在探索中形成的一种全新的对外直接投资方式。不同于西方发达国家和其他发展中国家的传统对外投资,研究中国情境下的境外经贸合作区的全新对外投资方式,不仅有利于检验已有跨国投资理论对中国适用性,还有助于为中国经济实践经验的国际化和理论化作出贡献。

第二,境外经贸合作区作为一种区域合作方式,与新一代经贸规则和"一带一路"倡议"共商、共建、共享"的原则相契合,探究其与传统国际贸易投资规则的区别以及其背后的理论机制,有助于推动中国从被动应对规则的执行者逐步成长为主动参与规则的引领者,积极参与新规则的构建,推动全球贸易投资自由化进程,实现国际规则间的良性互动,以及为"一带一路"建设提供理论依据。

第三,现有关于境外经贸合作区与贸易畅通的研究,研究方法多以描述性分析为主,缺少相关的量化分析,而为数不多的定量研究也均是对一些经验事实的提炼。此外,实证研究中普遍忽略了模型中的内生性问题,研究结果缺乏可信性。

(二)实践意义

第一,随着国内国际经济环境的变化、国际上"逆全球化"思潮愈演愈烈、单边保护主义不断蔓延、国际经贸摩擦加剧,中国企业同世界各国的经贸合作有所放缓。探究境外经贸合作区的运营之道,使其成为中国企业抵御国际经营风险,实现中国与世界各国的"贸易畅通"具有重要意义。

第二,"一带一路"倡议是当今中国扩大对外开放的重大战略举措和经济外交的顶层设计方案,以及经济全球化的最广泛国际合作平台。而境外经贸合作区作为"一带一路"建设的重要承接点,是推动"一带一路"建设的桥头堡和重要载体。量化分析境外经贸合作区的"贸易畅通"效应,总结境外经贸合作区发展中存在的问题、经验和教训,有利于推动境外经贸合作区的可持续发展和"一带一路"建设稳定进行。

综上所述,目前中国境外经贸合作区在加强国际经贸合作方面已显示出独特的优势,成为新时期世界各国互利合作的样板和全球关注的焦点。本书对境外经贸合作区与贸易畅通的相关研究,不仅可以深化中国积极参与国际经贸新规则构建的研究,也可以丰富"一带一路"倡议和贸易强国建设的研究,有助于新发展格局下中国更加有效地应对"一带一路"建设所面临的挑战,积极参与全球产业分工格局重构,实现中国经济高质量发展。

第二节 关键概念界定

一、境外经贸合作区

本书关于中国境外经贸合作区的概念,遵循2019年商务部、国家统计局、国家外汇管理局等部门发布的《对外直接投资统计制度》的定义,即境外经济贸易合作区是指在中国境内注册、具有独立法人资格的中资控股企业,通过在境外设立的中资控股的独立法人机构,投资建设的基础设施完备、主导产业明确、公共服务功能健全、具有集聚和辐射效应的产业园区。

二、贸易畅通

本书根据 2015 年《愿景与行动》文件中关于贸易畅通的阐述,并以商务部等部门关于境外经贸合作区的定义以及中国境外经贸合作区的产生背景及发展历程为基础,对中国与东道国之间的贸易畅通进行定义。《愿景与行动》文件中明确指出:"投资贸易合作是'一带一路'建设的重点内容……拓宽贸易领域,优化贸易结构,挖掘贸易新增长点,促进贸易平衡……中国欢迎各国企业来华投资。"境外经贸合作区被商务部视为中国企业"抱团"走出去的平台和"一带一路"倡议的重要节点。因此,本书将贸易畅通定义为中国与世界各国之间的对外直接投资、外商直接投资、对外出口贸易和对外进口贸易[①]。

三、可持续发展

本书拟根据联合国《2030 年可持续发展议程》设定目标,并基于中国境外经贸合作区的发展现状和建设目标,以及境外经贸合作区贸易畅通效应分析,总结中国境外经贸合作区发展中的经验和教训,结合国内外政策实施情况以及中国的经济发展现实,构建中国境外经贸合作区可持续发展的政策促进体系和具体路径,实现科学选址,使其成为中国与世界各国实现贸易畅通的重要载体和"一带一路"建设的有力抓手,促进经济、环境

---

① 正如本书关于境外经贸合作区内涵的解读,境外经贸合作区作为中国境外合作区新方式,不仅是以产业园形式投资的境外投资方式,也是一种区域合作区方式。因此,境外经贸合作区不仅影响中国与全球各国间的贸易畅通,也会对中国本国产业结构以及东道国经济发展产生影响。然而,根据境外经贸合作区的定义、产生背景和发生历程,本书主要研究境外经贸合作区对中国与东道国之间贸易和投资的影响。

和社会的可持续性发展,实现新发展格局下开放融通和互利共赢以及中国经济的高质量发展。同时,使其成为促进双边经济增长的引擎,助力中国与东道国的可持续发展。

第三节 研究思路、方法、内容及创新点

一、研究思路

本书以促进中国贸易畅通,推进中国境外经贸合作区可持续发展为目标,依循"是否推进、为何推进和如何推进"的总体思路,并按照以下三条线索展开——实践线索:"现状调研、问题梳理、引致因素分析";理论线索:"理论依据、作用机制、作用条件";对策线索:"战略目标、实施路径、保障体系"。

具体研究思路如图1-1所示。

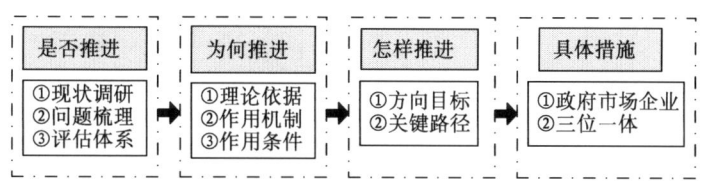

图1-1 本书整体研究思路与框架

二、研究方法

(一)文献分析

深度梳理和解析相关领域的文献资料、数据和档案,综合运用相关经典理论,力求在理论上揭示境外经贸合作区运营的一般规律、作用机制和条件。

(二)调研访谈

结合互联网资料,对政府政策制定部门和中国典型境外经贸合作区等

进行调研访谈，收集第一手资料，总结其运营的经验和教训，并获得理论直觉，提炼理论观点，为实证研究提供理论依据。

（三）统计与计量分析

基于大型宏微观数据库，构建面板数据模型，采用面板固定效应和随机效应方法以及工具变量法等计量经济学方法，进行模型内生性处理及稳健可信的模型识别与政策评估。

（四）专家访谈与咨询

对相关领域的知名专家学者、政府商务部门领导和工作人员以及国际化企业的中高层管理人员进行访谈和咨询，为本书深入研究提供智力支持。

（五）比较分析法

对中国境外经贸合作区的区位分布进行对比分析，梳理中国境外经贸合作区的区位分布现状和特点，总结中国境外经贸合作区的成功运营经验和失败教训。

三、研究内容

本书以中国境外经贸合作区为研究对象，从现实考察和文献研究出发，采用案例分析、实地调研和比较分析的方法，系统分析中国境外经贸合作区的内涵、发展历程、现状与特点以及所面临的机遇与挑战，通过构建理论分析框架，基于面板数据模型，实证分析境外经贸合作区对中国与东道国之间贸易畅通的影响。最终，根据研究结论，结合国内外政策环境，构建境外经贸合作区可持续发展的政策促进体系和具体路径，实现科学选址，增强其对双边贸易畅通的经济效应，使其成为中国与世界各国贸易畅通的重要载体和"一带一路"建设的有力抓手，推动新发展格局下中国高水平对外开放，实现双边开放融通和互利共赢，促进中国经济高质量发展。

具体研究框架如图1-2所示。

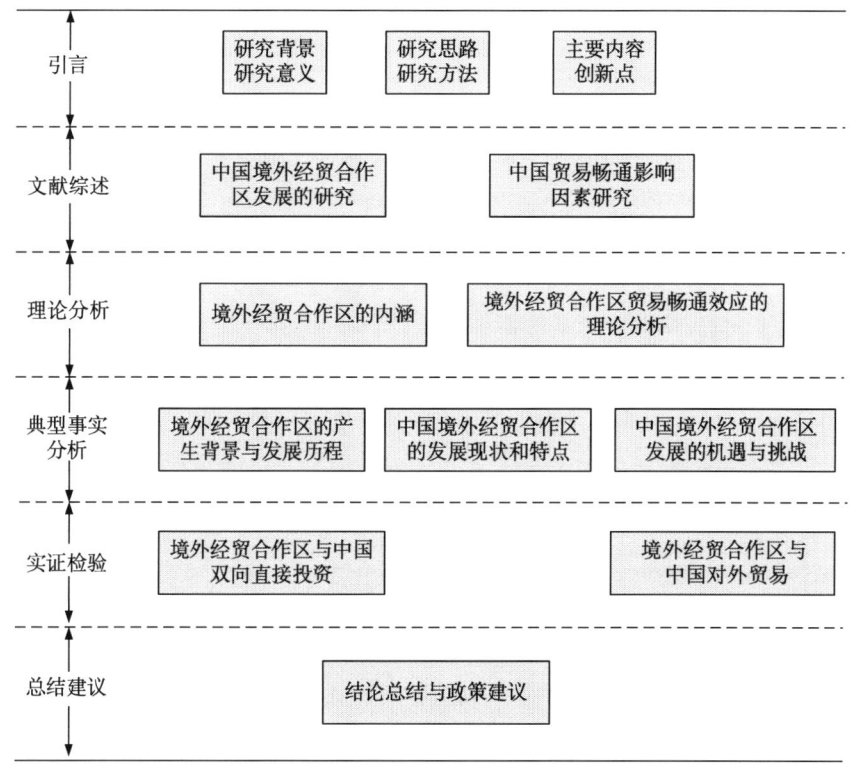

图1-2 本书研究框架

四、创新点

(一) 研究主题和研究视角

研究主题紧贴中国和河南省经济现实，具有很强的理论和应用价值。境外经贸合作区作为中国经贸合作新方式，被视为"一带一路"建设的重要节点，也是中国积极参与全球国际贸易投资规则的新尝试，与"一带一路"倡议"共商、共建、共享"的原则相契合。探究其与传统国际贸易投资规则的异同以及背后的理论机制，对于中国积极参与新规则的构建，推动全球贸易投资自由化进程，实现国际规则间的良性互动具有重要意义。研究视角重点系统探究境外经贸合作区的贸易畅通效应，并关注境外经贸合作区建设实践中可持续发展问题，寻求合作区可持续发展的策略思路，可以为中国下阶段境外经贸合作区的建设与可持续发展提供方向性借鉴。

(二) 研究内容和研究方法

综合运用实地调研、理论与实证分析相结合的研究方法，使理论与实践相互印证，提出的政策建议更具有科学性和可行性；基于大样本宏微观数据，不仅关注各变量之间的关系，还基于面板数据模型和工具变量法等计量方法进行因果识别，从而识别境外经贸合作区贸易畅通效应的深层规律和因果性决定因素，并以此作为趋势预测和政策分析的基石。最终，以实证分析为基础，结合国内外宏观经济环境以及中国境外经贸合作区的发展状况，从政府、市场、企业三个层面，构建"三位一体"的政策保障体系，提出中国境外经贸合作区的可持续发展切实可行的路径和对策。

第二章 国内外研究现状

境外经贸合作区作为"一带一路"建设的重要承接点和有力抓手,既是中国在探索中形成的一种全新的对外直接投资方式,也是中国在全球经贸治理中积极参与新规则构建的一种新尝试。故与本课题密切相关的主要为关于中国与世界各国贸易畅通影响因素的研究和中国境外经贸合作区的研究。

第一节　中国境外经贸合作区发展的研究

与丰富的关于国内开发区的文献（郑江淮等,2004；闫国庆等,2006；周茂等,2018；泽阳等,2021）以及关于传统对外直接投资方式——绿地投资和跨国并购（Buckley 等,2007；Morck 等,2008；蒋冠宏和蒋殿春,2012；罗伟和葛顺奇等,2013；王永钦等,2014；刘青等,2017；张相伟和龙小宁,2018）的研究相比,现有文献作者们关于境外经贸合作区的研究较少,且已有研究主要描述性分析境外经贸合作区的产生背景、发展现状和特点,以及境外经贸合作区与其他贸易投资协定的区别与联系和其在"一带一路"建设中的作用。

一、关于境外经贸合作区发展现状的研究

中国境外经贸合作区建立伊始,主要是为了援助发展中国家的经济发展,分享中国改革开放的经验和开发区或工业园区的发展模式,但这种援助也是使发展中国家认识、信任并愿意购买"中国制造"的一种营销手段

（裴长洪等，2013；李丹和陈友庚，2015）。目前，中国境外经贸合作区主要分布在非洲、南亚、拉美等发展中国家，以资源利用型和加工制造为主，具有规避贸易摩擦、降低生产成本、转移过剩产能、增加国外对中国装备的需求等作用（李春顶，2008；Bräutigam 和 Tang，2013；路红艳，2013；肖雯，2014）。但目前合作区的建设中存在主导产业不明确、规划不合理、投资环境不稳定、融资难等问题（张广荣，2013；阮刚辉，2014；吕秉梅，2019；裴长洪，2022；方志斌等，2022；王淑芳等，2022）。

由于中国境外经贸合作区在东盟和非洲国家和地区分布较多，有部分学者采用案例分析的方法，专门分析了中国在东盟、非洲等地区的所建立的境外经贸合作区的发展现状和特点，并对如何改善境外经贸合作区的建设及提高其效率提出了相应的政策和建议。张菲（2013）认为，中非经贸合作区是中国企业开展国际化经营的一个重要探索，但合作区在建设过程中存在建设周期过长且资金不足的问题，政府应加大在合作区建设过程中的资金支持力度，目前合作区规划和产业定位不够准确，中国应根据东道国当地发展战略因地制宜、科学规划。针对中国境外经贸合作区出现的一些问题，邹昊飞和段京新（2015）强调合作区建设的重点在于东道国的选择和园区主导产业的定位，另外政府应积极采取措施推动合作区的建设和监督；路红艳（2013）认为，在投资方式上，可选择与当地企业合资以降低融资难度和规避经营风险，在主导产业选择上，应符合东道国的资源禀赋和市场发展状况，选择具有资源优势且发展潜力较大的产业。满坤（2018）研究认为中国在东盟建设境外经贸合作区时，由于客观存在的文化差异，以及未及时总结前期建设经验和教训，中国在东盟所建成的境外经贸合作区存在产业定位不明确、规划不合理、融资渠道和制度不健全等问题。梁育填等（2021）以中国·印尼经贸合作区为研究案例，探究境外经贸合作区发展成功的重要因素，认为境外经贸合作区的发展模式主要为构建园区合作网络、根植地方的文化制度环境以及提供优质的园区环境。

境外经贸合作区被视为"一带一路"建设的重要承接点，因此，自"一带一路"倡议提出以来，部分学者将境外经贸合作区与"一带一路"

结合起来，但其研究方法仍以案例研究和描述性的定性分析为主，分析其作用、现状以及所面临的问题。研究认为合作区是"一带一路"建设的重要载体和抓手。目前，大部分境外经贸合作区位于"一带一路"沿线国家，且主要集中在制造业、能矿资源和农产品加工型领域，以加工制造、资源利用和商贸物流型为主。但近年来中国越来越注重成本和资源因素，正向更加多元化和高级化方向发展，出现了科技合作园区、高新技术合作区等诸多形式（张述存，2017；武汉大学课题组，2019；刘洪槐，2022）。商务部国际贸易经济合作研究院（2019）以问卷调研和访谈的形式，基于经济、社会和环境的框架发布了关于合作区可持续发展的报告。卢进勇和裴秋蕊（2019）认为，在"一带一路"倡议的提出使中国境外经贸合作区进入快速发展的时期。推动境外经贸合作区高质量发展，有助于提高中国对外直接投资效率和国际竞争优势。高连和（2021）通过分析中国在非直接投资和境外经贸合作区的建设情况，提出中国应升级境外经贸合作区，使其实现向境外现代产业集群升级和可持续发展。詹晓宁和李婧（2021）通过梳理全球200家境外工业园区的建设情况，提出中国应建设新一代可持续发展示范园区，以应对新冠疫情后全球价值链区域化、本地化和分散化的趋势。也有少量文献实证分析了境外经贸合作区的发展现状。例如，曾刚等（2018）构建了园区投资环境、园区增长潜力和发展绩效等指标体系，评估了中国45个"一带一路"沿线地区园区的发展现状，研究发现民营企业管理的合作区发展较好，通过考核的国家级合作区未必完全决定园区的发展水平。

二、关于境外经贸合作区区位选择影响因素的研究

在境外经贸合作区的区位选择上，一些学者主要考察了东道国政治、经济、文化等因素对中国境外经贸合作区区位选择的具体影响。Deborah 和 Tang Xiaoyang（2011）发现中国正逐渐将更多的境外经贸合作区设在非洲国家或地区，这些境外经贸合作区主要是为了促进当地的经济发展，起到对外援助的作用。李青（2012）利用因子分析法评估了15个合作区的

投资环境，研究发现大多数国家投资环境欠佳且存在较大差异，投资吸引、工业及消费水平、投资支持和人力资源4个因子中，投资吸引因子最重要。路红艳（2013）认为，在区位选择上，中国应选择交通条件较好的国家建设合作区；余官胜等（2019）认为，中国企业出于集群规避风险的目的，对外直接投资在总体上倾向于以更快的速度进入经济风险和政治风险较高的东道国，表明境外经贸合作区对于东道国政治和经济风险具有缓解效应；郑宁（2019）基于面板数据的Logit模型，研究发现"一带一路"倡议对境外经贸合作区的建设有促进作用，此外，东道国劳动力成本、自然资源禀赋和市场规模以及政府效率也是影响中国境外经贸合作区区位选择的重要影响因素。王淑芳等（2022）以中埃·泰达苏伊士经贸合作区为例研究了境外经贸合作区的文化适应性，认为中国境外经贸合作区的建设需要关注文化的适应性并识别文化类型，选择合适的适应方式。严兵等（2022）研究认为，中国境外经贸合作区倾向于选择市场规模大、开放程度高的国家或地区，中国境外经贸合作区选址表现出制度风险偏好的特征，结合其他国外学者对于投资行为的解释，他们认为这是由于中国对外直接投资在自然资源丰裕度和制度环境两者间选择了前者。

三、关于境外经贸合作区经济效应的研究

境外经贸合作区本质上是中国与其他国家之间在有关限定区域内建立更加紧密双边经济贸易联系的一种制度安排，属于一种双边经贸合作制度。因此，关于境外经贸合作区的研究也与国际贸易与投资协定相关。学者们研究了境外经贸合作区与其他贸易投资协定的区别与联系，以及境外经贸合作区作为一种双边经贸合作的替代性制度安排对双边经济的影响。

目前，全球主要有全球多边投资协定、区域投资协定、双边投资协定（BIT）三种国际贸易与投资协调机制。其中，双边投资协定（BIT）最为常见（林念，2013）。目前，关于BIT对国际投资的作用尚存在分歧（Tobin和Ackerman，2004；Neumayer和Spess，2005；Desbordes和Vicard，2009；Busse等，2010）。大多数学者认为，中国现有的BIT主要是为了吸

引外资，对境外投资的影响与东道国制度相关（宗芳宇等，2012；李平等，2014；杨宏恩等，2016）。由于自由贸易协定（FTA）也涉及大量投资便利化的条款，一些学者比较了BIT和FTA的差异。认为BIT和FTA两者的目的不同，BIT是从国际角度为投资者提供保护，FTA则具有更多的灵活性，通过投资与贸易自由化的结合来使企业获得更大的市场收益（何树全，2004；张智勇，2011）。魏卿和姜立文（2005）认为，BIT虽然在投资市场自由化方面起了促进作用，但从本质上并没有将国际投资的分配任务完全交给市场，所以BIT对国际投资的影响有限。关于FTA对国际投资影响的实证研究目前也尚未达成一致（董有德和赵星星，2014；李嘉楠、龙小宁和张相伟，2016；孙玉红和许智贤，2018）。

自2006年以来，境外经贸合作区的建设实现了长足发展，合作区的数量持续增长，基础设施建设不断完善，产业集聚效应越来越明显，成为中国参与国际经贸合作的重要平台，以及东道国经济发展的重要引擎。因此，诸多学者纷纷探究了境外经贸合作区对中国和东道国的经济影响。

李嘉楠等（2016）基于中国国际贸易和投资数据，研究发现境外经贸合作区显著促进了中国对东道国的直接投资，但降低了中国对东道国的出口；Masiero和Ogasavara（2017）认为，境外经贸合作区作为中国企业对外投资过程中一个进入东道国市场的重要方式，与新创企业和并购等方式有很大不同，其对于政府的依赖更深，跟双边政治关系密切相关。部分学者研究认为境外经贸合作区弥补了东道国制度的不足，对中国企业对外直接投资具有促进作用（徐培源和王倩，2019；张宏和彭恂，2022）。杨丽等（2020）认为，境外经贸合作区的设立能够有效降低东道国低质量的微观营商环境所带来的负面影响、优化企业要素、降低市场准入门槛。宋洋洋等（2021）认为，中国在"一带一路"沿线国家建立的经贸合作区通过平台效应、规模效应、协同效应、技术进步效应、生产转移效应等影响中国对外直接投资，并基于引力模型证实了境外经贸合作区对中国对外直接投资的显著促进作用。张相伟和龙小宁（2022）基于制度演化理论构建了一个境外合作区与"一带一路"及"五通"之间关系的理论分析框架，并基于中国境外直接投资数据，实证检验了境外经贸合作区对中国对外直接投资的影响。研究发现境外经贸合作区的建立显著促进了中国对东道国的直接投资，并且这种促进作用具有异质性，更利于市场寻求型和资源利用型对外直接投资的增长。

然而，关于境外经贸合作区对中国和东道国对外贸易影响的研究则较为匮乏。严兵等（2021）和汪建新（2022）基于东道国视角研究了境外经贸合作区的贸易效应，研究发现境外经贸合作区通过改善和提升东道国制度质量、基础设施建设、就业状况等途径，促进了东道国的进出口贸易水平；Brutigam 和 Tang（2014）认为，境外经贸合作区对于东道国来说具有技术溢出效应，能够促进当地技术转型升级、优化产业结构；Zhao Lei 等（2019）研究认为，境外经贸合作区能够推动东南亚、南亚等国家和地区基础设施尤其是通信设施的建设。李可（2019）认为，境外经贸合作区对东道国经济发展的影响主要表现在加快促进东道国形成产业集聚和完整的产业链；彭玲（2021）研究认为，境外经贸合作区分别通过比较优势效应、资源配置效应和需求创造效应影响双边贸易的互补性、竞争性和集中度，并基于国家层面的面板数据证实了中国境外经贸合作区通过发挥平台效应显著促进了相关产品的进出口贸易，增强了双方贸易联系，推动了双边贸易融合发展。李喆等（2022）认为，境外经贸合作区对于双边贸易和投资均有明显的促进作用，并且不同类型合作区的影响在方向上和程度上有些差异。

第二节 中国贸易畅通的影响因素研究

一、关于中国对外直接投资影响因素的研究

关于中国对外直接投资影响因素的研究，现有文献主要基于宏观数据，分析东道国、母国和双边因素对中国对外直接投资的影响。诸多学者认为中国对外直接投资具有市场寻求型、资源寻求型和技术寻求型动因，与东道国的市场规模、资源分布以及高科技产品出口有关（Buckley，

2007；蒋冠宏和蒋殿春，2012），也与东道国制度、政治稳定性、营商环境、孔子学院设立、贸易壁垒有关（蒋冠宏和蒋殿春，2012；李猛和于津平，2013；陈胤默等，2017；Bonaime 等，2018；陈杰，2018；杨永聪，2018；张相伟和龙小宁，2018；袁奥博等，2019 等）。UNCTAD（2006）指出，发展中国家开展对外直接投资的主要动机是培育和发展自身的竞争优势，以提高在国际市场上的竞争力并获得长期的经济利益。也有研究结果表明双边制度距离、文化距离、遗传距离以及双边投资协定是影响中国对外直接投资的重要因素（宗芳宇等，2012；杨宏恩等，2016；苏莉和黄新飞，2019；李俊久等，2020；韩永辉等，2021）。还有学者关注了母国产业结构变迁、政策不确定性、方言多样性对中国对外直接投资的影响（龚静和尹忠明，2019；陈胤默等，2019；宫汝凯，2019；黄新飞等，2021）。近年来，企业异质性理论的发展，诸多学者考察了企业异质性对企业对外直接投资决策的影响。学者们基于微观企业的差异，考察了生产率对企业对外直接投资决策的影响，并提出了企业自我选择效应模型（Helpman 等，2004；Bernard 等，2007；Yeaple 等，2009；田巍和余淼杰，2012；Ryuhei 等，2012；周茂等，2015）。随着研究的深入，诸多学者开始从创新能力、出口情况、融资约束以及所有制等方面，解释企业异质性对企业对外直接投资的影响（刘莉亚等，2015；Conconi 等，2016；Huang 等，2017；Yan 等，2018；李捷瑜等，2020）。

二、关于中国利用外商直接投资的影响因素研究

目前，关于 FDI 区位选择影响因素的研究，已达到了一个相对成熟的水平（Nielsen 等，2017）。形成了包括雁阵理论、垄断优势理论、内部化理论、产品生命周期理论（1966）、边际产业扩张理论（1978）和国际生产折衷理论（1977）等一系列有代表性的国际直接投资理论。其中，国际生产折衷理论因其具有高度适用性和较强的解释力，而被学者广泛用于探究各国影响外商直接投资区位选择的因素。主要包括经济因素和制度环境因素。经济因素方面有：劳动力成本（Wei 等，1999；贺灿飞和魏后凯，

2001；魏后凯等，2001；许罗丹和谭卫红，2003；黄肖琦和柴敏，2006；蒋伟和赖明勇，2009；陈平和欧燕，2011；马飒和黄建锋，2014；冯伟等，2015；张先锋和陈婉雪，2017；Head 和 Mayer，2018；郭娟娟，2019；马双和赖漫桐，2020；郭娟娟和冼国明，2021），人力资本（沈亚芳，2007；Cleeve 等，2015；Morita 和 Sugawara，2015；Salike，2016），市场规模和潜力（Rahman，2006；徐康宁和王剑，2006；Bailey 和 Li，2015；Aziz 和 Mishra，2016），税收负担（Daniels，2014；Murthy 和 Bhasin，2015；杨武和李升，2019），土地成本（朱文涛和顾乃华，2018），基础设施水平（Cheng 和 Kwan，2000），产业集聚（梁琦，2003；余佩和孙永平，2011；孙浦阳等，2012；王晶晶和黄繁华，2013；周犀行和欧阳溥蔓，2013；曾鹏和秦艳辉，2017；曾鹏，2017；王硕和殷凤，2021），贸易开放程度（田素华和杨烨超，2012）等。制度环境方面因素有：东道国腐败，政治、法律制度质量（鲁明泓，1997；Globerman 和 Shapiro，2002；Du 等，2008；Goodspeed 等，2011；Daude 和 Stein，2007；沈小燕等，2011；陈建勋等，2019），市场化扭曲和财政分权制度（罗长远和张军，2008），劳动力市场扭曲（冼国明和徐清，2013），营商环境（刘军和王长春，2020），环境规制（Lin 和 Sun，2016；刘金焕和万广华，2021），双边制度距离（潘镇，2006），知识产权保护（许和连和柒江艺，2010），创新政策环境（彭如霞等，2021），外资准入政策（殷华方等，2006；李志远等，2022）以及自由贸易区建设（孔令乾等，2023），中国数字金融发展水平（王智新等，2023）等。也有学者认为，中国利用外资的影响因素呈动态变化特征，2001年前劳动力成本和市场规模为重要因素，随着劳动力成本优势逐渐丧失，聚集效应与法律制度环境的吸引力逐渐增强，未来中国应从政策引资向制度引资转变（廖利兵等，2013；桑百川，2019）。

随着新经济地理学和空间计量模型研究的深入，学者们开始将地理空间溢出效应纳入 FDI 区位选择因素的分析框架中（Coughlin 和 Segev，2000；王剑，2004；何兴强和王利霞，2008；苏桎芳和胡日东，2008；钟昌标，2010；杨成钢和曾永明，2014）。

三、关于中国对外贸易影响因素的研究

现有研究主要基于贸易引力模型,从东道国和母国角度以及双边因素等方面实证检验中国对外贸易发展的影响因素,而且主要关注中国出口贸易发展的影响因素。关于双边因素,学者们主要关注了双边地理距离、双边政治外交关系(孙俊成和程凯,2020;王珏和周茂,2019),双边文化差异(臧新等,2012;田晖和蒋辰春,2012;刘洪铎等,2016),人民币汇率(李宏彬等,2011);东道国因素,学者们主要关注了东道国经济规模(李晓等,2020),经济政策不确定性(鲁晓东和刘京军,2017;谷克鉴等,2018;刘竹青和佟家栋,2018;刘洪槐,2022;陈绍俭和冯宗宪,2022),贸易政策不确定性、贸易壁垒(王孝松等,2014;王璐航和首陈霄,2019;戴魁早和方杰炜,2019),贸易便利化和贸易自由化程度(盛斌和毛其淋,2017;龚新蜀等,2016;龚静和尹忠明,2016;段文琪和刘晨阳,2020;杨继军等,2020),制度质量(谢孟军,2013;周曙东和郑建,2018),华人网络(魏浩和袁然,2020)等因素;母国因素,学者们主要关注了中国对外援助、中国经济政策不确定性、人口老龄化、工资水平(许和连和王海成,2016;铁瑛等,2019)等因素。近年来,随着新新贸易理论研究的兴起,学者们基于微观企业数据,从企业微观角度研究了企业生产率和融资约束等因素对企业出口贸易的影响(钱学锋,2008;孟夏和陈磊,2012;段文奇和刘晨阳,2020)。

近年来互联网、大数据、人工智能、云计算、区块链等新一代信息技术的蓬勃发展,对全球价值链、产业链重塑产生了深刻影响,学者们纷纷研究了数字经济对中国对外贸易的影响。Weinhold(2002)研究结果表明互联网的发展显著提升了服务的可交易性,故因特网发展显著促进了世界服务贸易水平。Nuray Terzi(2011)认为,电子商务的发展会对一国的出口贸易产生促进作用。杨坚争和李子(2014)认为,电子商务促进了国际贸易市场的循环性。何勇和陈新光(2015)认为,随着国民收入水平的提高,互联网对进口贸易的影响会因为各国收入水平存在差异而不同。何菊

香和赖世茜（2015）通过实证分析得出，互联网对中国外贸有促进作用。施炳展（2016）认为，互联网可以帮助企业提高出口额，并且核心产品的出口额增加较快。Bojnec（2009）认为，信息基础设施的改善可以促进出口贸易的增长。何勇和陈新光（2013）研究发现互联网对进口和出口贸易均都具有明显的积极作用，其作用结果随着国民收入水平的提高逐渐扩大。温琚等（2015）认为，电子商务促进了中国进出口贸易的发展。Hagsten and Kotnik（2017）以信息和通信技术（ICT）为研究对象，研究其与中小型企业的国际化进程之间的关系，研究结果显示，信息通信技术能够显著促进中小型企业的出口活动。马明杰（2019）认为，随着数字化经济转型，会引起生产方式的变化，从而降低生产成本，并且企业参与国际贸易的门槛也降低了，从而促进对外贸易的发展。李海晓（2020）研究结果表明，数字经济的蓬勃发展不仅会解决就业、实现经济增长，也能够拉动出口，并对国际贸易结构产生更深层次的影响。范鑫（2020）研究表明，进口国数字经济的发展层次与中国出口贸易效率明显成正比，在中国与中低收入水平国家的出口贸易中，这种正向的相关关系更加显著。黄铿里（2021）通过研究 2011—2019 年浙江省 11 个市的面板数据，得出数字经济促进了浙江省出口贸易发展的结论。区位优势赋能数字经济发展，从而对出口贸易利好，创造巨大的效率增长空间。杨慧瀛和杨宏举（2022）经实证分析发现，产业数字化作为数字贸易的分指标对对外贸易的增长有长期的促进作用。栾淞婷和杨晓龙（2022）以 262 个地市级数据研究了中国城市维度的数字化发展水平与对外贸易的互动关系，研究发现城市数字化发展水平对进出口贸易额的增长具有显著的正向影响。王海梅（2022）通过研究江苏与 RCEP 协议国的数据，研究发现数字经济发展水平对进出口贸易有着积极推动作用。高宁（2022）选取 2011—2019 年中国 31 个省（自治区、直辖市）的面板数据开展实证分析，研究发现数字经济基础设施建设、数字产业化和数字金融的发展，有效扩大了中欧进出口贸易额。

相对于中国出口贸易影响因素的研究，关于中国进口贸易影响因素的研究则较少，目前学者们主要关注了人口老龄化、贸易政策不确定性、知识产权保护、汇率波动、贸易自由化以及微观企业融资约束等因素对中国进口贸易规模和进口贸易质量的影响（崔凡和崔凌云，2016；李华锋和彭龙，2014；毛其淋，2020；魏浩等，2019；魏浩和李晓庆，2019；赵春明和张群，2020；魏浩和王超男，2023）。

第三节 文献述评

本章通过系统梳理关于中国贸易畅通影响因素和境外经贸合作区的研究，为本书理解中国境外经贸合作区发展的制度背景、历史和阶段性特征以及影响中国贸易畅通的因素提供了参考，并为本书提供了理论和方法上的支持，但仍亟须丰富和完善。具体包括以下两个方面：

（1）关于境外经贸合作区的研究还不够深入，尚处于探索阶段。现有研究大多局限于从宏观层面，使用描述性定性分析方法，分析境外经贸合作区的发展现状和特点。但是，关于境外经贸合作区的内涵与本质，以及与传统国际贸易投资规则、"一带一路"倡议原则的异同，有待进一步从理论上进行探索和升华。

（2）现有研究缺乏关于境外经贸合作区对双边贸易畅通效应影响的实证分析，为数不多的实证研究也均是对一些经验事实的提炼。研究主题主要关注境外经贸合作区对中国对外直接投资的影响，较少关注境外经贸合作区对中国对外贸易和实际利用外商直接投资的影响；而且，普遍忽略了模型中的内生性问题。关于中国境外经贸合作区的双边贸易畅通效应和可持续发展的研究，既需要给予逻辑自洽解释总结的理论研究，更需要量化评估方面的经验研究。

因此，本书将在理论分析基础上，基于大样本数据库，采用面板固定效应和随机效应模型、工具变量法等计量经济学模型，克服模型中样本选择的内生性难题，进行较为稳健可靠的因果识别。系统考察境外经贸合作区与东道国之间的双边贸易畅通效应与可持续发展路径。力求得出的结论更加科学，提出的政策建议也更具有针对性和可操作性。

第三章　境外经贸合作区贸易畅通效应的理论分析

境外经贸合作区作为中国在探索中形成的全新经贸合作方式，是中国企业抵御国际经营风险，"抱团出海"的重要平台。"一带一路"倡议的提出使境外经贸合作区的战略地位更加凸显，被视为"一带一路"建设的重要承接点。2015年发布的"一带一路"官方文件《愿景与行动》明确提出，"鼓励合作建设境外经贸合作区、跨境经济合作区等各类产业园区，促进产业集群发展"。2016年，我国"十三五"规划纲要指出，"引导企业集群式走出去，因地制宜建设境外产业集聚区"。2019年，商务部发布的《对外直接投资统计制度》也新增了境外经贸合作区定义及合作区类型的统计界定标准。可见，境外经贸合作区已成为新时期中国对外开放的重要载体和推进"一带一路"建设的有力抓手，是中国实现产业结构调整和开展国际产业合作的重要平台。

本章将在阐述中国境外经贸合作区内涵的基础上，结合国际直接投资理论、产业集聚理论以及国际贸易的相关理论，系统探究境外经贸合作区对中国贸易畅通的影响。

第一节　境外经贸合作区的内涵

根据2019年中国《对外直接投资统计制度》关于中国境外经贸合作区的定义，境外经济贸易合作区是指在中国境内注册、具有独立法人资格的中资控股企业，通过在境外设立的中资控股的独立法人机构，投资建设的基础设施完备、主导产业明确、公共服务功能健全、具有集聚和辐射效应的产业园区①。根据此定义，本书认为境外经贸合作区具有以下内涵。

第一，境外经贸合作区是近年来中国企业在"走出去"的过程中探索形成的符合中国国情的一种全新的对外直接投资方式。不同于其他西方发达国家和发展中国家传统的对外直接投资方式，它是在中国大多数企业还缺乏跨国投资管理经验以及雄厚资金实力却"走出去"需求迫切的情况下建立的以政府间的协作为前提、企业为主体、市场化经营为原则，具有一定国家特定优势的产业园区。这些境外产业园区的投资主体一般是大型国有企业和资金实力雄厚的大型民营企业，前期有牵头的企业和中国政府共同投入初期建设资金，中国政府并给予相应的国别引导、政策支持、产业指导，注重投资实效和投资安全，其风险相对较低。因此，境外经贸合作区本身是前期在中国企业缺乏"走出去"经验的情况下，在东道国建立的一种政府引导、政策支持、企业决策、商业运作，基础设施完备、主导产业明确、公共服务功能健全、具有集聚和辐射效应的产业集群，是中国企业在"走出去"过程中探索形成的一种全新的以"产业园区"为基本形式的境外直接投资方式，是其他企业"抱团出海"抵御风险的载体。

第二，境外经贸合作区也是一种区域合作方式，是其他企业"抱团出海"的平台与载体。境外经贸合作区是一种基于政府间自愿合作、企业为主体、以市场运作为主导原则的全球双边经贸治理规则，在一定程度上是两国政府间的高层次合作，是以政府间的协作为前提、由国家主导的政府行为。因此，一方面，境外经贸合作区本质上是中国与其他国家之间在有关限定区域内建立更加紧密双边经济贸易联系的一种制度安排（赵晓晨等，2012），是一种双边区域合作方式。

第三，境外经贸合作区与新一代经贸规则构建的趋势相契合（石静霞，2015），是中国积极参与全球国际贸易投资规则构建的新尝试，有助

---

① 在各类文献和报告中，经贸合作区又被称为经济区、经贸园区、产业园区、产业合作园区、科技园区、特殊经济区等，本书统称为经贸合作区。如果是由中国主导在其他国家建立的经贸合作区，则称为境外经贸合作区。

于推动全球贸易投资自由化进程，实现国际规则间的良性互动。另一方面，境外经贸合作区作为中国与全球所构建的双边经贸治理规则，契合双边的利益诉求，充分体现了"一带一路"倡议中"共商、共建、共享"的原则，贯彻了"一带一路"倡议共创发展机遇、共享发展成果的理念，并与联合国《2030年可持续发展议程》（以下简称《2030议程》）中的可持续发展目标一致，是"一带一路"沿线国家实现《2030议程》的重要平台，高度契合了发展中国家的需要和中国国情，是中国推进"一带一路"建设及共建利益和"人类命运共同体"的重要载体。

因此，境外经贸合作区作为中国在探索中形成的一种符合中国国情的全新的对外直接投资方式和区域合作方式，不仅与当今世界国际合作与经贸规则构建中的新趋势相契合，也是中国推进"一带一路"建设和企业"走出去"的重要载体。

第二节　境外经贸合作区的贸易畅通效应

商务部对境外经贸合作区的内涵和外延作出明确定义，"一带一路"倡议的官方文件《愿景与行动》明确指出："投资贸易合作是'一带一路'建设的重点内容……探索投资合作新模式，鼓励合作建设境外经贸合作区、跨境经济合作区等各类产业园区，促进产业集群发展。"因此，境外经贸合作区作为中国在探索中形成的经贸合作新方式，将是中国推动"一带一路"建设的有力抓手和促进双边贸易畅通的重要平台。

一、境外经贸合作区与中国双向直接投资

（一）境外经贸合作区的载体功能

境外经贸合作区作为中国探索中形成的经贸合作新方式，是中国推进"一带一路"建设和企业"抱团出海"的重要载体。境外经贸合作区不仅本身就是中国一种以产业园区形式对东道国的直接投资的新方式，还通过载体功能和集聚效应影响中国双边直接投资。

首先，境外经贸合作区作为一种双边区域合作方式，是中国推进"一带一路"建设和企业"抱团出海"的载体，其主要通过降低东道国地缘政治风险、双边优惠政策支持、弥补东道国基础设施以及促进双边民心相通的方式推动中国企业"走出去"。

（1）降低地缘政治风险。境外经贸合作区是中国在与中国具有良好外交关系的国家，签订相关协议而在东道国限定区域内所建立的产业园区，在一定程度上是两国政府间的高层次合作。因此，境外经贸合作区可以充分依托两国政府间的政治外交关系，以"特区"形式有效保护企业在经济和制度水平相对落后国家的投资安全，为中国境外投资提供了一种制度保障。即境外经贸合作区作为东道国制度环境的一种替代性制度安排，在一定程度上缓解了企业在东道国的地缘政治风险，降低了企业在东道国合法交易成本，改善了企业在东道国的生存环境（Keohane，2005），减缓了东道国政策不确定性对企业投资的影响。同时，合作区建设给东道国带来先进的技术、多样化的产品和丰裕的就业岗位，促进了两国间的经济往来，进一步使两国间的政治外交关系得到升温，良好的外交关系与投资形成双向促进的良性循环。

（2）双边政策支持。由于境外经贸合作区契合双边的利益诉求，中国和东道国政府均会给予境外经贸合作区一定的优惠政策或财政补贴。境外经贸合作区的建立首先是中国政府与政治稳定、资源互补、外交关系良好的国家进行协商，确定基本的扶持政策。然后商务部再向中国的大型国有企业或有实力的民营企业公开招标，并在建设过程中对牵头企业的规划和实施进行实时监督和定期考察，提供必要的服务支持[①]。例如，为促进中国企业"走出去"，降低企业海外经营的成本和风险，增强投资企业的信心。中国政府将为政府批准、确认、考核通过的合作区提供 2 亿—3 亿元

[①] 商务部：《中国政府对境外经贸合作区的支持政策措施》，2010，http://www.mofcom.gov.cn/article/zt_jwjjmyhzq/subjectn/201004/20100406869369.shtml，访问日期：2018 年 6 月 1 日。商务部、国家开发银行：《商务部 国家开发银行关于支持境外经济贸易合作区建设发展有关问题的通知》，2013，http://www.mofcom.gov.cn/article/gztz/201312/20131200430374.shtml，访问日期：2018 年 6 月 1 日。

财政补助和不超过 20 亿元人民币贷款，并在项目投资过程中简化项目审批和外汇审查手续，提供进出境通关便利、保险服务以及人才培训等支持措施，相关金融机构则为合作区投资主体和入园企业提供必要的授信支持和配套金融服务等政策支持。东道国为吸引更多外资，学习其先进的生产技术和管理经验，促进本国技术进步和产业结构升级，通常会就税收政策、土地政策、劳工政策、贸易投资便利化等方面提供相应的优惠政策支持。因此，双边政策支持降低了企业的投资风险和经营成本，提高了企业盈利的可能性，促进了中国对东道国的直接投资。

（3）弥补东道国基础设施不足。中国境外经贸合作区开发企业入驻东道国时。不仅在当地进行了与产品自身生产密切相关的厂房建筑和公共设施的建设，还推进了东道国通路、通电、通信、通排水、通给水、通热力、通燃气及平整土地等"七通一平"等方面的基础设施建设。甚至承担部分政府职能，进行部分公共配套设施建设。尤其是在经济欠发达、基础设施条件薄弱的发展中国家，不仅需要进行园区基本的基础设施建设，还需配套写字楼、公寓等生活设施以及完善当地的文化娱乐场所、银行、交通建设等日常生活所需的基础设施。因此，境外经贸合作区基础设施建设的空间溢出效应，具有弥补和带动东道国基础设施建设的功能。一方面，完善的基础设施有助于形成集聚经济，降低运输成本和协调成本（Kumar，2006），以及提高信息传输速度和加强资源整合能力（Donaldson 和 Richard，2016）——特别是高度依赖物流服务的行业更是这样（Blyde 和 Molina，2015），从而吸引更多企业入园投资。另一方面，对当地文化娱乐场所和生活设施的建设使当地的消费偏好更接近中国，有助于促进当地的消费转型升级和中国企业的投资。

（4）促进双边民心相通。民心相通是"一带一路"倡议的重要内容，被视为社会根基，包括旅游观光、科教交流和民间往来等活动，强调人民友好往来，增进相互了解和传统友谊，反映了国家间的社会和民意基础。一方面，境外经贸合作区通过员工培训、员工参加当地的社会公共活动等途径，增加了双边个体面对面的互动交流，推动情感与文化的认同与理解

（李自国，2016）。这种认同与理解缩小了两国间文化差异，为投资创造了条件。另一方面，境外经贸合作区内企业通过在东道国当地提供新产品、就业岗位和技术来增进与当地人民间的交流，在东道国市场创造更加接近母国市场的消费偏好和需求，为中国未来的投资创造有利条件。因此，境外经贸合作区通过增强民心相通，与投资形成双向促进的良性循环。

其次，境外经贸合作区作为一种区域合作方式，依托双边之间的政治外交关系和促进双边交流往来，增进双边民心相通，以及进一步增强双边政治外交关系而影响中国利用外商直接投资。一方面，境外经贸合作区的建立会促进双边之间的人员和人才流动，实现民心相通，增加双边之间投资环境和居民需求的了解，减少投资中所面临的信息不对称，减少对东道国进行直接投资的风险，进而促进各国对中国的直接投资。另一方面，由于境外经贸合作区契合双边之间的需求，有利于东道国社会经济发展，故中国在东道国建立境外经贸合作区也将进一步增强双边之间政治外交关系，降低双边间的投资风险。从而吸引企业到彼此国家进行直接投资。

（二）境外经贸合作区的集聚效应

中国境外经贸合作区建立伊始就注重产业集聚效应，其在东道国的基础设施建设使境外经贸合作区具备了产业集聚功能。境外经贸合作区的集聚效应将通过完善东道国的基础设施、规模经济效应、弥补东道国金融发展不足和缓解企业融资约束而促进中国企业到东道国进行直接投资。

根据商务部关于境外经贸合作区的定义，境外经贸合作区是中国政府通过与东道国政府签订相关投资协议，引导企业在东道国投资建设的基础设施完备、公共服务功能健全、主导产业明确、具有集聚和辐射效应的产业园区。因此，中国政府在东道国建立境外经贸合作区伊始就倡导合作区的产业集聚功能和产业转移功能，每一个境外经贸合作区均有一个明确的主导产业。根据2019年商务部发布的《对外直接投资统计制度》，中国境外经贸合作区分为加工制造型、资源利用型、农业产业型、商贸物流型和科技研发型五种类型。其中，加工制造型指以轻工、纺织、机械、电子、化工、建材等产品加工为主导的园区；资源利用型指以矿产、森林、油气等资源开发、加工和综合利用等为主的园区；农业产业型指以谷物和经济作物等的开发、加工、收购、仓储等为主导的园区；商贸物流型指以商品展示、运输、仓储、集散、配送、信息处理、流通加工等为主导的园区；科技研发型指以轨道交通、汽车、通信、工程机械、航天航空、船舶和海洋工程等领域的高新技术及产品的研发、设计、实验、试制为主导的园区。中国在东道国所建立的境外经贸合作区将中国企业和当地企业集聚在一起，形成主导产业明确和产业链比较完整的产业集群，将有利于实现规模经济和集聚效应，降低企业之间的交易成本和缓解企业的融资约束，不断吸引中国企业和当地企业入园投资。

此外，中国境外经贸合作区不仅建立伊始就倡导产业集聚效应和产业转移功能，境外经贸合作区在东道国的基础设施建设也具有产业集聚功能。中国在东道国建立境外经贸合作区伊始，不仅进行与生产密切相关的生产厂房建设，还推进了通路、通电、通信、通排水、通给水、通热力、通燃气及平整土地等"七通一平"等方面的基础设施建设。尤其是在基础设施薄弱的经济欠发达国家和地区，在一定程度上弥补了东道国基础设施的不足。完善的基础设施将降低企业的运输成本和协调成本，提高信息传输速度和加强资源整合能力，从而吸引更多企业入园投资，产业集聚功能日益凸显。因此，随着中国境外经贸合作区在东道国基础设施建设稳步推进，产业集聚效应逐渐显现，在一定程度上降低了对外直接投资的企业特别是中小型企业因对东道国国情、政策等不熟悉而遭遇的风险。

境外经贸合作区的集聚效应能够通过规模经济效应和缓解企业的融资约束而促进中国企业"走出去"和吸引当地企业入园投资。境外经贸合作区是由中国大型企业主导建设，吸引中小企业"抱团"入驻而形成主导产业明确、产业链比较完整的产业集群。一方面，根据产业集群理论，产业集群有利于形成规模经济，实现集群内的企业信息共享，降低企业之间的交易成本，促进企业之间的合作，从而提高企业的劳动生产率（Weber,1929；Marshall,1920）。另一方面，产业集群还有助于改善集群内企业所面临的履约环境和融资环境（Ruan 和 Zhang, 2009；Long 和 Zhang, 2011；

龙小宁等，2015）。根据企业异质性理论，企业融资约束和企业生产率是影响企业"走出去"的重要因素（Helpman 等，2004；Bush 等，2010）。东道国和母国金融发展是缓解企业融资约束、降低经营风险、促进企业国际投资的重要因素（Bilir 等，2019；吕越等，2019）。在当前中国金融市场比较落后、金融服务体系不健全、普遍存在金融抑制现象的背景下，中国企业面临着严重的融资约束（Allen 等，2005；罗长远和陈琳，2012）。尤其是，由于中国存在严重的信贷歧视，民营企业所面临的融资约束更为严重（Claessens 和 Tzioumis，2006；Huang 等，2011）。而海外投资正是一项资金需求多、期限长、风险高的活动，需要更多的资金支持。因此，中国企业在"走出去"的过程中，普遍面临融资约束问题（田巍和余淼杰；2012；王碧珺等；2015）。目前，中国境外经贸合作区主要位于金融发展比较滞后的发展中国家，金融体系普遍不完善。

面对中国和东道国不完善的金融体系，在当前中资金融机构境外分支机构较少（张相伟和龙小宁，2018）的情况下，中国在东道国建立境外经贸合作区而形成的产业集群，在一定程度上能够弥补中国和东道国融资制度的约束，缓解企业的融资困难，促进中国企业"走出去"和东道国企业入园投资。

二、境外经贸合作区与中国双边对外贸易

（一）境外经贸合作区的投资引致效应与双边对外贸易

首先，境外经贸合作区作为中国在探索中形成的一种全新的对外直接投资方式，对外直接投资对母国出口的影响取决于投资的类型（Markusen，1984；Helpman，1984）和出口产品的形式（Blonigen，2001）。境外经贸合作区作为一种特殊类型的对外直接投资方式，其对母国出口的影响取决于境外经贸合作区内企业的主要投资类型和出口产品的形式。境外经贸合作区内企业的投资类型与境外经贸合作区的类型密切相关，根据商务部和财政部2015年发布的《境外经济贸易合作区考核办法》，中国境外经贸合作区分为加工制造型、资源利用型、商贸物流型、农业产业型和科技研发

型，不同类型园区内的企业投资类型也不相同。理论上，一方面，具有寻求市场和出口导向功能的加工制造型合作区主要是跨越东道国的贸易壁垒，通过生产与母国相同的同质品而对母国出口具有替代作用；另一方面，资源利用和科技研发型合作区通过品牌效应、中间品出口、逆向技术溢出、带动母国生产设备与技术出口等途径促进母国出口。

其次，境外经贸合作区本身作为一种全新的对外直接投资方式，以及作为中国企业"走出去"的重要载体和平台，促进中国对东道国的直接投资（李嘉楠等，2016；张相伟和龙小宁，2022）。同时境外经贸合作区通过投资引致效应影响中国与东道国之间的进口贸易。一方面，对于中国市场而言，外商投资企业作为中国进口贸易尤其是加工贸易的重要载体，凭借自身先进的技术和雄厚资本，利用中国低廉的劳动力成本，在中国开展来料加工和进料加工贸易（于燕，2015），会增加对进口中间品的需求，从而扩大中间品的进口规模；另一方面，外商投资企业进口的资本品或中间品都包含着国外先进生产技术，本土企业能够获得技术溢出效应，利用进口产品的技术溢出效应来促进企业生产率的提升（李淑云和李平，2018）。而企业生产率的提升会同时增加本土企业对进口产品数量和种类上的需求，从而扩大中国企业对东道国产品的进口贸易。

（二）境外经贸合作区的区域合作效应与双边对外贸易

首先，境外经贸合作区作为一种区域合作新方式是中国积极参与全球经贸规则的新尝试，是一种以政府间的政治外交关系为依托的贸易投资协定。境外经贸合作区通过提高双边的贸易便利化水平，进一步增强双边间的政治外交关系，以及增加双方了解双边的市场需求和潜在的贸易机会，熟悉双边的风俗习惯、法律和商业惯例，克服双边间的贸易信息壁垒，降低双边间的贸易成本，进而加强双方之间的贸易联系。

其次，境外经贸合作区也是中国与世界各国分享发展经验的重要平台。东道国境外经贸合作区的建立，将进一步增强两国间良好的双边政治外交关系，增强企业维护良好声誉的动机，进而影响双边贸易往来。两国间良好的外交关系将降低因市场失灵而造成的信息不对称（Visser，

2019），增强本国居民对伙伴国出口产品或技术的认可度和美誉度，激励伙伴国努力维护其在本国的出口利润，提升其出口产品声誉。一方面，东道国企业为维护良好的产品声誉，将严格按照国家制定的标准检验出口产品，禁止不符合出口贸易标准的商品出口，进而在一定程度上降低了中国企业进口产品的市场规模，减少了中国企业对东道国的进口贸易；另一方面，对于中国出口企业而言，其为了维护在东道国的良好产品声誉，会选择增加其使用的进口中间产品的种类（许家云等，2017），增加中国对东道国产品的进口。同时，中国企业也将出于"声誉维护"的动机，严格根据东道国的出口贸易检验标准出口，从而降低中国对东道国的出口贸易规模。

第三节 本章小结

根据境外经贸合作区的定义、产生背景和发展历程，本书研究发现境外经贸合作区作为中国企业在"走出去"过程中探索形成的经贸合作新方式，本质上不仅是一种产业园形式的境外直接投资方式，在一定程度上也是双边经贸合作的替代性制度安排，是以双边政治外交关系为依托的一种新型区域合作方式，与当代国际经贸规则的新趋势相契合，并与"一带一路"倡议的"共商、共享、共建"的原则相一致，是"一带一路"沿线国家和地区实现2030议程的重要平台。

境外经贸合作区具有促进中国双向直接投资的载体功能和集聚效应，通过降低东道国地缘政治风险、双边优惠政策支持、弥补东道国基础设施和金融发展不足、促进双边民心相通、增强双边政治外交关系等途径影响中国与东道国之间的双边直接投资。同时，境外经贸合作区通过投资引致效应、区域合作效应以及增强双边外交关系等途径影响中国与东道国之间的对外贸易。

第四章 中国境外经贸合作区发展的典型事实分析

第一节 境外经贸合作区的产生背景与发展历程

一、境外经贸合作区的产生背景

自改革开放后中国设立深圳、珠海、汕头和厦门四个经济特区以来，中国园区经济蓬勃发展，成为中国地方经济发展的"增长极"（李鲁和赵方，2017）。20世纪90年代中期以来，不少发展中国家的政要希望中国把改革开放经验、开发区或者工业园的模式带到他们国家去，帮助其建立类似于中国深圳、厦门的经济特区，带动其整体经济发展，甚至一些发达国家也提出了这样的要求[①]。在此背景下，中国开始在国外建立经济开发区，既把中国设立特区的成功模式推广到海外帮助外国发展，也引导中国企业"走出去"[②]。

中国境外经贸合作区建立伊始主要是为了援助发展中国家的经济发

[①] 1994年，时任埃及总统穆巴拉克访华期间对中国经济园区的发展产生了兴趣。同年10月，时任国务院副总理朱镕基对埃及进行国事访问时，埃及提出愿意在埃及划出一块地供中方建立"自由区"。最终，中埃共建苏伊士特区项目（即中国埃及苏伊士经贸合作区的雏形）于1998年10月正式启动。

[②] 中国商务部国际贸易经济合作研究和联合国开发计划署2019年发布的《中国"一带一路"境外经贸合作区助力可持续发展报告》指出，"境外经贸合作区是承载凝聚中国改革开放40年发展经验的重要平台"。

展，分享中国改革开放的经验和工业园区的模式，但这种援助也是发展中国家接触、认识并信任"中国制造"的一种营销手段（李丹和陈友庚，2015）。随着2001年中国加入世贸组织（WTO）后开放红利的释放和中国"走出去"战略的提出，中国企业一直保持快速增长的态势。但随着国内经济环境的变化，国际经贸摩擦的加剧以及海外投资环境的复杂多变，中国企业"走出去"的步伐日益放缓。在此背景下，2006年中国商务部开始正式提出在东道国建立境外经贸合作区，并相继出台了多项配套政策举措。此阶段境外经贸合作区主要是为中国企业境外投资搭建了一个新的平台，鼓励企业以"抱团"的形式"走出去"。为此，中国境外经贸合作区的建设步入了新的发展阶段。

二、境外经贸合作区的发展历程

2006年中国在巴基斯坦建立了第一个境外经贸合作区"海尔工业园"，自此正式开启了中国境外经贸合作区建设进程。境外经贸合作区的发展一般被划分为三个阶段，2005年前为企业自主自发建设阶段，2006—2013年为政府主导、企业申办阶段，2014年以后为企业自建、政府扶持阶段（卢进勇和裴秋蕊，2019）。

第一阶段为早期探索阶段（2005年前）。20世纪70年代末，尽管中国的经济发展一直保持较为可观的增长速度，但是由于工业发展落后，人民的生活水平仍然处于较低水平，以邓小平同志为核心的第二代中共中央领导集体提出实行改革开放政策。在改革开放初期，中国设立了深圳、珠海、汕头、厦门四个经济特区。经济特区即"出口特区"，通过一些优惠的政策手段如减免关税等，来鼓励外商投资，引进先进的产品、技术和管理经验。自经济特区设立以来，中国园区经济蓬勃发展，成为了中国地方经济发展的"增长极"（李鲁和赵方，2017）。经济特区不仅是改革开放进程的缩影，其成功经验也吸引了很多国家进行学习、借鉴和交流，许多发展中国家甚至是发达国家希望学习中国改革开放的经验以及开发区或工业区的模式，带动其经济发展，经济特区成为境外经贸合作区的雏形。20世纪 90 年代末，借鉴自身经济特区成功经验，中国开始鼓励企业进行海外投资，出台了相关优惠政策来支持企业"出海"。2001 年中国加入了世界贸易组织，与世界各国之间的经济联系更为密切，越来越多的企业开始探索在国外建立产业加工区等境外经贸合作区。这一时期，境外经贸合作区的建设处于探索阶段，主要是中国的投资企业在境外购置或租赁土地，自筹资金来进行产业园区的基础建设，经营业务也相对简单，虽然竞争有所加剧，但入驻园区的企业数量仍然较为有限，产业园区的数量保持在 10 个以内。

第二阶段为调整发展阶段（2006—2013 年）。这一阶段主要特征是政府主导、企业申办。2005 年底，商务部与国家发展和改革委员会正式提出建立境外经贸合作区的对外投资新举措，并相继出台了一系列政策措施，旨在为企业"出海"投资搭建良好的服务平台。2006 年，商务部发布的《境外中国经济贸易合作区的基本要求和申办程序》标志着中国境外经贸合作区企业的正式申报和评标工作。2006 年 11 月 26 日，中国首个在境外正式挂牌的境外经贸合作区巴基斯坦海尔—鲁巴经济区宣布建设，合作区的产业定位以家电产品为主，包括相关配套产业和营销网络，吸引优秀的家电企业入驻，形成品牌家电的产业集群。2006—2007 年，商务部共分两批批准建立了 19 个境外经贸合作区，其中，2006 年底第一批审批 8 家，2007 年底第二批审批 11 家。境外经贸合作区主要位于与我国经贸往来比较频繁的邻国俄罗斯、韩国以及东南亚、非洲、拉美等欠发达国家和地区，其中，亚洲国家 7 个，非洲国家 7 个，欧洲国家 3 个，南美洲国家 2 个。

自此在中国与东道国政府的共同推动下，中国境外经贸合作区建设进入了新的发展阶段。但是，受 2008 年金融危机的影响以及囿于中国企业国际化的经验不足，其建设进展较为缓慢。境外经贸合作区建设和运营过程中也遇到诸多难题，比如对东道国当地的基础设施水平较差、建设融资困难、企业入驻率低等问题，中国商务部联合东道国政府为投资企业建立了风险预警机制，同时协调东道国当地的金融机构为园区投资企业提供优惠的中长期贷款。这一阶段主要形成了两类不同建设运营模式的境外经贸合作区。其中，一类是入区企业的产业定位围绕着建区企业核心产业的园区，即以建区企业为核心的产业主导模式，例如赞比亚中国经济贸易合作区，形成了以中国有色集团为核心的采矿、勘探、冶炼为主导产业；另一类是没有特定产业但在工业地产开发方面较有优势，基础配套设施比较健全完善，招商引资能力较强的园区，即通过在东道国建设基础设施比较完善工业园区，吸引企业入驻，形成以招商运营为主的综合性园区。

第三阶段为快速发展阶段（2014年以后）。自从2013年"一带一路"倡议提出以来，境外经贸合作区战略地位更加凸显，被商务部定位为"一带一路"建设的重要承接点，并出台了诸多关于中国境外经贸合作区高质量发展的政策和措施。由于境外经贸合作区契合双边的利益诉求，中国境外经贸合作区不仅能够推动东道国经济和贸易的增长，同时也有利于促进经济、社会与环境的可持续发展，有助于东道国加速实现可持续发展的目标，是"一带一路"沿线国家实现2030议程的重要平台。随着中国"一带一路"建设的持续推进，中国境外经贸合作区的建设进入了快速发展阶段。如图4-1所示，2013年，中国新增境外经贸合作区数量为25个，自此中国境外经贸合作区的数量开始大幅度增加，2016年新增境外经贸合作区26个，基于李祜梅等（2019）的研究，以及结合作者查询商务部"走出去"公共服务平台、境外产业园区信息服务平台的信息，截至2019年年底，中国共有182个境外经贸合作区，其中包括农业产业、轻工业、重工业、高新技术、物流合作和综合产业六大类园区类型，经商务部和财政部确认考核的境外经贸合作区为20个。此外，目前中国境外经贸合作区主要位于"一带一路"沿线国家和地区。据中国商务部统计，截至2022年底，中国境外经贸合作区近七成分布在"一带一路"沿线国家和地区，累计投资达571.3亿美元，为当地创造了42.1万个就业岗位，有力促进了双边互利共赢、共同发展。表4-1为中国在"一带一路"沿线国家建设的部分代表性境外经贸合作区名录。

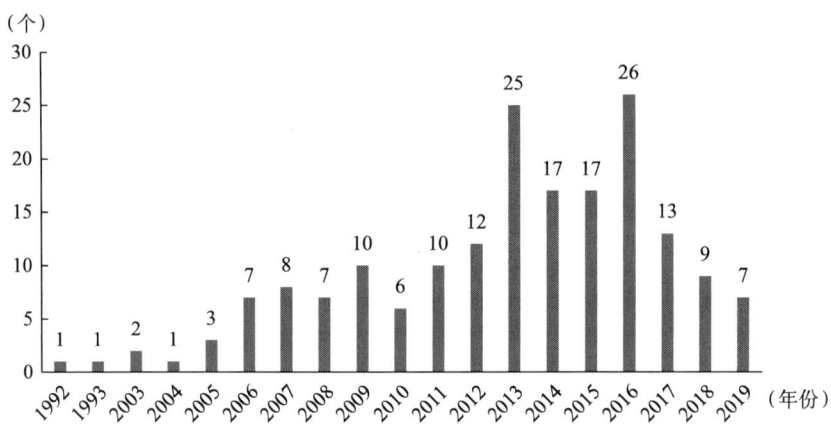

图 4-1　1992—2019 年中国新建境外经贸合作区数量

表 4-1　"一带一路"沿线国家和地区的中国部分境外经贸合作区

投资区位	国家	园区名称	主导产业
东南亚	柬埔寨	西哈努克港经济特区	纺织服装、木业制品、建材家居
东南亚	老挝	老挝万象赛色塔综合开发区	物流、商贸、旅游
东南亚	马来西亚	马中关丹产业园	金属、汽车零部件、食品加工、电子电器等
东南亚	泰国	泰中罗勇工业园	汽配、机械、家电
东南亚	文莱	大摩拉岛石油炼化工业园	炼油和化工品
东南亚	印度尼西亚	中国·印尼经贸合作区	家用电器、精细化工、生物
东南亚	缅甸	缅甸皎漂特区工业园	区域物流、油气加工
东南亚	越南	越南龙江工业园	轻纺加工、电子装配、生物制药等
南亚	巴基斯坦	海尔—鲁巴经济特区	家电、汽车、纺织、建材、化工
南亚	印度	印度马哈拉施特拉邦汽车产业园	汽车制造
中亚	塔吉克斯坦	中塔工业园	有色金属冶炼、化工、建材
非洲	埃及	埃及苏伊士经贸合作区	加工制造、物流、技术开发等
非洲	埃塞俄比亚	埃塞俄比亚东方工业园	建材、纺织服装、金属加工
俄罗斯	俄罗斯	俄罗斯乌苏里斯克经贸合作区	轻工、机电、木业
西欧	比利时	中国—比利时科技园	生命科学、信息通信、智能制造

资料来源：根据商务部"走出去"公共服务平台、境外产业园区信息服务平台的数据整理。下列图表同。

该阶段境外经贸合作区的产业类型逐渐丰富，除了制造业之外，也开始发展服务业；而且海外产业园区入驻企业的投资动机也更加多样化，投资动机不仅涵盖传统的市场寻求型、资源获取型和效率寻求型，也逐渐出现了科技研发型合作区和入驻企业。例如部分到东南亚以及非洲国家或地区建立的产业园区，主要动机为市场寻求型，通过共享国际资源和市场，将国内过剩的产能转移出去，加速国内的产业结构升级，扩大技术密集型和资本密集型产业比重，同时促进东道国的产业发展。例如，位于巴基斯坦的鲁巴经济特区，其主要经营的产业有家电、汽车、纺织、建材、化工，以寻求市场为投资经营的主要目的。资源获取型的企业投资一般选择到自然资源储量丰富的国家建立产业园区，目的是获取国内稀缺的优势资源，降低原材料成本。例如，地处东南亚、南亚和大洋洲的中心地带的文莱的大摩拉岛石油炼化工业园，主要被其优越的地理位置以及丰富的原油和天然气储存量所吸引，该园区主要经营炼油和化工品，属于资源获取型合作区。但是，随着近年来中国越来越注重成本和战略资源，以及中国建设创新型国家的需要，国家对科技研发型合作区的建设日益重视，鼓励企业到生产要素成本低廉的国家和地区以及嵌入研发资源丰富的国家和地区建立境外经贸合作区，以降低生产成本，提高企业利润。这属于效率寻求型。获取东道国的战略资产，实现技术溢出，则属于科技研发型。商务部2015年关于境外经贸合作区的最新考核文件，相较于2013年，重点支持的类型也增加了科技研发型。中国部分海外产业园区的建设目的是学习东道国先进的技术。例如，在具有"科技小巨人"之称的比利时建立的中国—比利时科技园，主要经营生命科学、信息通信、智能制造等产业。

第二节　境外经贸合作区的发展现状和特点

自2006年商务部正式提出建设境外经贸合作区以来，中国境外经贸合作区建设已取得了显著发展成效。目前，中国境外经贸合作区的洲别分布、国家类型分布、投资产业分布和投资主体分布主要呈现以下特点。

一、境外经贸合作区的省份分布

目前,中国境外经贸合作区的数量分布省份差距较大。如图4-2所示,境外经贸合作区数量较多的黑龙江、北京、山东和浙江的总数占比达49%,接近中国境外经贸合作区总数的一半。其中,黑龙江、北京和山东的境外经贸合作区数量占比均超过一成。然而,吉林、山西和河北的境外经贸合作区数量分别仅为1个,占比不足1%。

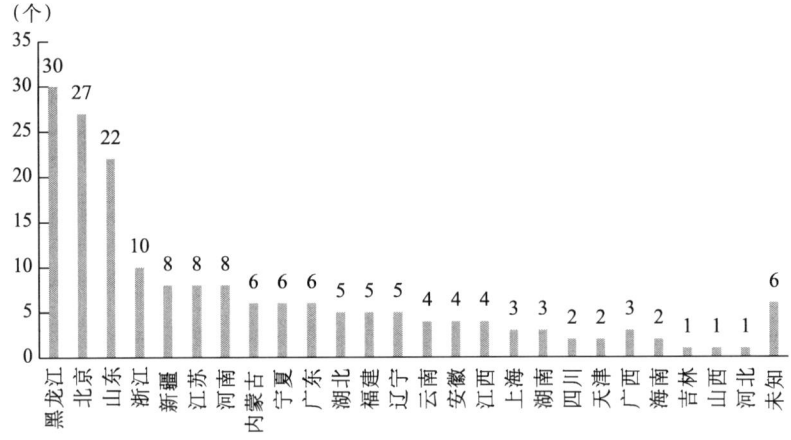

图4-2 中国境外经贸合作区省份分布情况

二、境外经贸合作区的洲别分布

从洲际层面来看,中国境外经贸合作区的区域分布呈现出广而集中的特点,广泛分布于亚洲、非洲、欧洲、北美洲、大洋洲及南美洲,而集中分布于亚洲、非洲和欧洲。其中,中国在亚洲的经贸合作区绝大部分位于东南亚且主要集中于柬埔寨和印度尼西亚,在欧洲的园区绝大多数位于俄罗斯(见图4-3、表4-2)。中国海外园区数量最多的区域是亚洲,有73个,占园区总数的四成。其中,有39个位于东南亚,主要在柬埔寨、老挝、印度尼西亚、越南等国;12个位于中亚的塔吉克斯坦、哈萨克斯坦等国;西亚的合作区有11个,主要在阿联酋和阿曼等国。在欧洲国家建立的海外产业园区有59个,其中44个在俄罗斯,其余分布在塞尔维亚、匈牙利、比利时、白俄罗斯、乌克兰等国。在非洲、北美洲、南美洲和大洋洲的园区个数分别为45个、2个、2个和1个。从中国境外经贸合作区区域分布表来看,绝大部分位于"一带一路"沿线国家和地区,尤其是东南亚国家和俄罗斯。

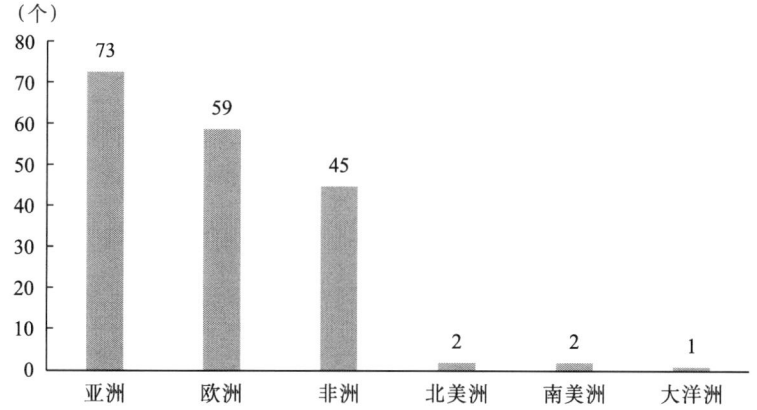

图4-3 中国境外经贸合作区洲别分布情况

表4-2 境外经贸合作区区域分布

洲别	地区	国家	数量
亚洲	东南亚	柬埔寨、老挝、马来西亚、泰国、文莱、印度尼西亚、缅甸、越南	39
亚洲	南亚	巴基斯坦、印度、斯里兰卡	10
亚洲	中亚	乌兹别克斯坦、塔吉克斯坦、格鲁吉亚、哈萨克斯坦、吉尔吉斯斯坦	12
亚洲	西亚	阿联酋、阿曼	11
亚洲	东亚	韩国	1
欧洲	北欧	芬兰	45
欧洲	东欧	乌克兰、白俄罗斯、罗马尼亚、俄罗斯	5
欧洲	南欧	意大利、塞尔维亚	1
欧洲	西欧	比利时、法国	2
欧洲	中欧	波兰、德国、匈牙利	6

续表

洲别	地区	国家	数量
南美洲	拉丁美洲	巴西、委内瑞拉	2
北美洲	北美洲	墨西哥	2
大洋洲	太平洋	斐济	1
非洲	东非	埃塞俄比亚、吉布提、肯尼亚、坦桑尼亚、乌干达	20
非洲	南非	毛里求斯、莫桑比克、津巴布韦、赞比亚、南非	13
非洲	西非	尼日利亚、毛里塔尼亚、塞拉利昂	8
非洲	北非	阿尔及利亚、埃及、苏丹	4

三、境外经贸合作区的国家类型分布

从国家层面来看，中国境外产业园区东道国的选择，大多数为发展中国家以及新兴经济体，分别为 48 个和 81 个，并且与中国的政治经济往来较为密切，在中国目前的 182 个境外经贸合作区中，只有 6 个位于发达国家，分别是位于韩国、芬兰、意大利、比利时、法国、德国的 6 个海外园区，其余的 47 个境外经贸合作区均位于最不发达国家，如图 4-4 所示。中国境外经贸合作区之所以选择在欠发达国家和地区进行投资，一是在这些经济发展相对落后的地区，融资环境以及投资制度安排相对不完善，投资阻碍相对较小，而中国的企业到发达国家进行投资的障碍比较大；二是这些发展中国家或新兴经济体大多拥有人口优势，劳动力成本较为低廉，特别是东南亚及非洲的大部分国家和地区（梅新育，2011）。除了劳动力成本之外，欠发达地区的消费水平和物价相对不高，且其自然资源中有很多未被开发的部分，因此其原材料成本相对较低。总的来说，选择在欠发达国家建立境外经贸合作区，投资壁垒低，经营成本少，并且消费市场广阔。因此，目前中国境外经贸合作区主要开办在发展中国家、欠发达国家和新兴经济体，进行开拓市场和利用当地的资源，以市场开拓和资源利用为主要投资动机，而不是获取当地先进的技术。

第四章　中国境外经贸合作区发展的典型事实分析 | 39

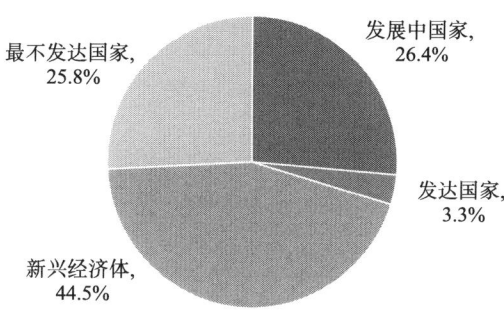

图4-4　中国境外经贸合作区的国家类型分布

此外，中国境外经贸合作区的国家分布比较集中。如图4-5所示，中国境外经贸合作区分布数量排名前十的国家是俄罗斯、印度尼西亚、埃塞俄比亚、柬埔寨、赞比亚、越南、印度、哈萨克斯坦、尼日利亚和老挝，数量为105个，占总数的58%。中国海外园区的建设还多数分布在与中国交往密切的国家，其中，有155个园区建立在与中国签订了双边投资协定的国家，127个在"一带一路"沿线国家和地区，占比达七成，如图4-6所示。

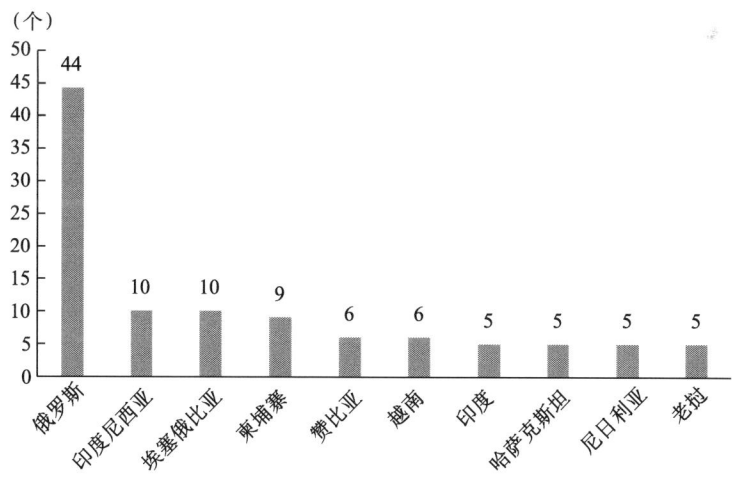

图4-5　中国设立境外经贸合作区数量排名前十国家

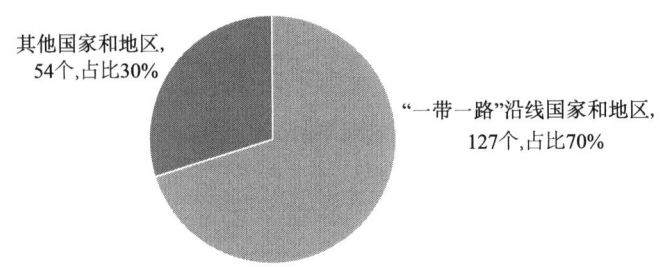

图 4-6 中国境外经贸合作区在"一带一路"沿线国家和地区的分布

四、境外经贸合作区的投资产业分布

根据合作区的主要产业和经营模式可将产业园区分为农业产业园区、轻工业园区、重工业园区、高新技术园区、物流合作园区和综合产业园区六大类,各类型园区主要经营的产业及其要素密度如表 4-3 所示。

表 4-3　　　　中国境外经贸合作区产业类型及其要素密度

园区类型	主要经营产业	要素密度
农业产业园区	第一产业(农业、渔牧业、林业等)	劳动密集型
轻工业园区	第二产业制造业(食品、纺织品、家用电器)	劳动密集型
重工业园区	第二产业(石油、电子、化学)	资源密集型
高新技术园区	高新技术	技术密集型
物流合作园区	物流贸易、商品运输	技术密集型、劳动密集型
综合产业园区	多种类型	多种要素密集

中国境外经贸合作区产业类型分布如图 4-7 所示,中国现有的 182 个境外产业园区中,农业园区有 54 个,是中国建立最多的产业园区类型,约占园区总数的 30%;并且在农业产业园区中,有 28 个位于欧洲。综合产业园区占总量第二,为 52 个,其中有 28 个分布在亚洲。其余的合作区类型数量由高到低分别是轻工业合作区、重工业合作区、高新技术合作区、物流合作区,分别为 31 个、21 个、13 个和 11 个;其中轻工业园区和重工

业园区在亚洲分布比较多,高新技术园区大部分位于欧洲。由此可见,中国到欧洲建立产业园区的主要目的是学习其先进的科学技术以及现代化的农业发展模式和设备,而到亚洲建立产业园区主要是为了运用其丰富的资源和劳动力发展第二产业,并且在行业选择上主要集中于纺织服装以及机械制造和化工品加工。

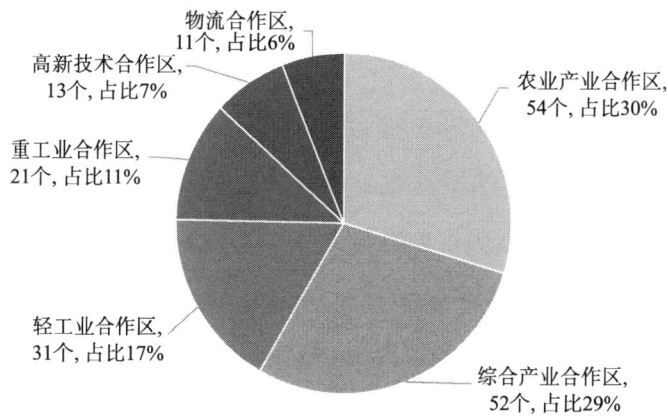

图4-7 中国境外经贸合作区产业类型分布

五、境外经贸合作区的投资主体分布

如图4-8所示,目前中国境外经贸合作区以民营企业为投资主体,占比已超60%。

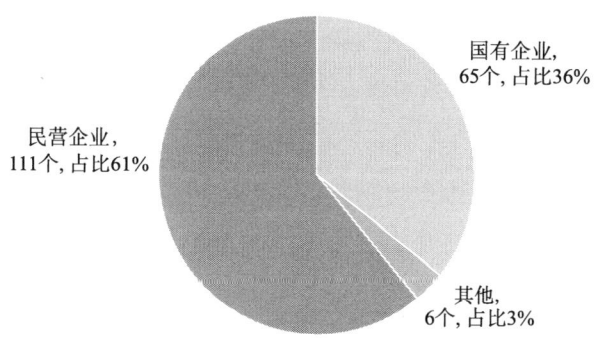

图4-8 境外经贸合作区的投资主体分布

第三节　境外经贸合作区发展所面临的机遇与挑战

一、境外经贸合作区发展所面临的机遇

（一）新发展格局下中国新一轮开放深入推进

在构建新发展格局背景下，中国将实行更高水平对外开放，随着"一带一路"建设的持续推进，以及 RCEP 的生效实施，中国企业"走出去"的步伐将进一步加快。境外经贸合作区作为中国"一带一路"建设的重要节点和企业"走出去"的载体和平台，将迎来新的发展机遇。"一带一路"沿线国家和地区的投资潜力巨大。根据《中国企业对外投资现状及意向调查报告（2021）》，79.5%的中国企业对外投资时优先选择"一带一路"沿线国家和地区。新发展格局下随着新一轮对外开放稳步推进，中国境外经贸合作区也将迎来高质量发展的机遇，在中国企业"走出去"中的作用更加凸显。

（二）后疫情时代中国企业对外投资的潜力较大

当前世界处于百年未有之大变局，贸易保护主义、逆全球化贸易争端、多国加大对外资的审查和监管，叠加疫情危机、地缘政治斗争等因素，全球供应链、产业链、价值链深度重构，国际竞争加剧，发达国家大力推动"制造业回归"，与发展中国产业结构的关系正由互补为主向互补与竞争替代转变，世界不确定性因素日益增加。然而，危机中存在着机遇，后疫情时代全球疫情逐渐消退，中国企业对外直接投资逆势上涨。经过抗击重大疫情的洗礼，中国企业韧性得到了很大提升。根据中国贸促会发布的《中国企业对外投资现状及意向调查报告（2021年版）》，中国企业对境外投资的前景比较乐观，近八成中国企业维持和扩大对外投资意向。后疫情时代中国企业"走出去"参与国际合作潜力的持续释放。因此，境外经贸合作区作为中国企业"走出去"的平台，也将迎来新一轮的发展机遇。

二、境外经贸合作区发展所面临的挑战

(一) 发展水平普遍较低,园内企业入驻率低

目前,尽管中国境外经贸合作区建设已取得了显著的发展成效,但是发展水平普遍偏低,仅有20家通过国家确认考核,多为单纯的工业园,产业层次水平较低,还处于基础设施建设和主导产业培育的阶段,普遍未进入快速发展期。由于选址不当、招商宣传力度不够以及东道国政策支持不到位等原因,大部分园区存在招商难的问题,园区内企业入驻率偏低,入驻数量与预期还存在一些差距,很多园区仅有几家企业入驻,产业集聚效应不明显。

(二) 科技研发型园区较少,带动母国产业结构升级效应不明显

目前,中国境外经贸合作区的类型以农业产业型园区为主,高新技术的科技研发型园区较少。而且,园区主要分布于经济不发达的发展中国家,很难从东道国获得先进的技术。在亟须通过创新促进产业结构升级,构建现代化产业体系的新发展格局背景下,中国境外经贸合作区的技术溢出效应不足,对母国产业结构升级效应不明显。

(三) 东道国土地开发不顺畅,配套支持不足

境外经贸合作区建立需要东道国提供相应的工业和商贸用地,以及与之相配套的道路、水、电等基础设施。因此,东道国土地开发是中国境外经贸合作区成功的关键。但是,由于中国境外经贸合作区位于发展中国家和欠发达国家,东道国政治、经济、社会、法律、信用等制度环境及基础设施不完善,政府官员官僚主义较为严重,项目审批程序复杂、手续烦琐,行政效率低下,政治风险突出,投资环境复杂多变,严重阻碍中国境外经贸合作区的建设进程。例如,河南国基实业集团有限公司在非洲某国建立国际商贸物流园区时,就遇到了项目用地未落实的情况,东道国承诺相应的优惠政策支持也未兑现,严重阻碍了合作区的开发建设和企业的生产计划。

(四) 东道国投资环境不稳定,投资风险较大

中国境外经贸合作区主要位于发展中国家和欠发达国家。东道国政

治、经济、社会、法律等制度环境薄弱,政权更迭、恐怖袭击、军事冲突时有发生,基础设施薄弱,社会公共服务不足,金融秩序脆弱,营商环境较差,难以为企业投资提供安全稳定的投资环境,企业容易面临资产贬值和资金链断裂问题。境外经贸合作区建设需要资金多,涉及国家间政治、经济、文化等多方面、深层次的合作交流,涉及范围广、协调内容多,需要健全稳定的双边政策保障和沟通机制。面对当前复杂多变的国际环境,在当下地缘政治环境剧烈变化的背景下,企业投资风险加剧。尤其是目前中国境外经贸合作区的投资主体以民营企业为主,抗风险能力较弱,面临的融资约束较为严重。

(五)双边资金和政策支持不足

由于大多数东道国基础设施较为薄弱,境外经贸合作区建设前期需要大量资金进行公共基础设施建设。一方面,目前只有通过考核的境外经贸合作区才会享受中央的专项财政资金支持,先期完全靠企业自有资金投入。另一方面,2015年后中央财政专项财政资金停止拨付之后,尚未有新的财政支持方案出台,财政支持政策不系统、不持续的问题仍较为严重。因此,合作区主导企业普遍面临较大的资金压力。尤其是中国合作区的投资主体以民营企业为主,抗风险能力较弱,而且主要投资于金融环境较差的发展中国家,企业普遍面临融资约束,面对错综复杂的国际环境,尽管国家层面和各省出台了诸多政策支持措施,但是企业投资意愿仍不足,境外经贸合作区发展较为迟缓。

第四节 本章小结

本章通过分析中国境外经贸合作区的产生背景和发展历程,研究发现中国境外经贸合作区主要是作为企业"抱团出海"的载体和平台。中国境外经贸合作区经历了自主自发建设、政府主导和企业申办以及政府扶持三个阶段,目前中国境外经贸合作区已取得了显著发展成效。

中国境外经贸合作区的发展经历了早期探索、调整发展、快速发展三个阶段，至 2006 年中国境外经贸合作区建设已取得显著成效，尤其是随着 2013 年中国"一带一路"倡议的提出，中国境外经贸合作区进入了快速发展阶段。根据商务部统计，截至 2022 年底，中国已建成境外经贸合作区 200 多家，其中近七成分布在"一带一路"沿线国家和地区，累计投资达 571.3 亿美元，为当地创造了 42.1 万个就业岗位，有力促进了双边互利共赢、共同发展。其中，通过商务部和财政部考核的境外经贸合作区为 20 个。目前，中国境外经贸合作区的投资主体为民营企业，占比超六成。境外经贸合作区的投资动机以市场开拓和资源利用为主，其主要集中于亚洲、欧洲和非洲，而且发展中国家和新兴经济体占据多数，极少数位于发达国家。境外经贸合作区类型涵盖加工制造型、资源利用型、农业产业型、商贸物流型和科技研发型，但以农业产业型和商贸物流型为主，这两种类型产业境外经贸合作区的数量占比近六成，高新技术的科技研发型合作区较少，数量占比不足一成。

在构建新发展格局背景下，随着"一带一路"建设的持续推进，以及 RCEP 的生效实施，中国新一轮开放深入推进，后疫情时代中国企业对外投资的潜力较大，中国境外经贸合作区迎来前所未有的发展机遇。但是，境外经贸合作区发展也存在以下问题：发展水平普遍较低，园内企业入驻率低；科技研发型园区较少，带动母国产业结构升级效应不明显；东道国土地开发不顺畅，配套支持不足；东道国投资环境不稳定，投资风险较大，资金和政策支持不足。

第五章 境外经贸合作区与贸易畅通的实证检验：省级层面的证据

第一节 研究设计

一、模型设定

为考察境外经贸合作区对中国贸易畅通的影响，根据前面的理论分析，本课题研究的模型设定如式 5-1 所示：

$$ln\ Y_{i,t} = C + \alpha TC_{i,t} + \beta X_{i,t} + \eta_i + \mu_t + \varepsilon_{i,t} \quad (式 5-1)$$

其中，被解释变量 $Y_{i,t}$ 为 i 省（自治区、直辖市）t 年的对外直接投资规模和实际利用外商直接投资的规模、对外出口贸易规模和对外进口贸易规模；核心解释变量 $TC_{i,t}$ 为 i 省（自治区、直辖市）t 年在境外所建立的境外经贸合作区的数量。$X_{i,t}$ 为其他控制变量，参照已有研究成果，主要包括各省（自治区、直辖市）的经济发展水平、技术水平、研发能力以及地区固定效应和年度固定效应（陈景华，2014；黄志勇等，2016；肖雯和韩沈超，2016；张相伟和龙小宁，2021）。

二、变量与数据说明

2003 年，中国开始全面公布各省（自治区、直辖市）的对外直接投资数据。基于数据的可得性，本课题的样本区间设定为 2003—2019 年，最终的研究样本为 31 个省（自治区、直辖市）。

（一）被解释变量

被解释变量分别为 i 省（自治区、直辖市）t 年的对外直接投资规模和实际利用外商直接投资规模、对外出口贸易规模和对外进口贸易规模。其中，各省（自治区、直辖市）对外直接投资数据来源于历年《中国对外直接投资公报》，其他数据来源于历年《中国统计年鉴》。

（二）解释变量

核心解释变量为 i 省（自治区、直辖市）t 年在东道国所建立的境外经贸合作区数量。该数据主要收集和整理于中国商务部、各省（自治区、直辖市）商务厅和对外贸易经济合作厅官网、李祜梅等（2019）研究论文、中国国际贸易促进委员会境外产业园区信息服务平台。

（三）控制变量

参照已有研究，本书还控制了影响各地区与东道国贸易畅通的其他因素，具体如下：

（1）经济发展水平。各地区的贸易畅通水平与其经济发展水平密切相关，人均国民收入较高的地区更倾向于与世界各国开展更多的贸易和投资往来。本书分别利用各省（自治区、直辖市）的地区生产总值和人均地区生产总值来衡量各地区的经济发展水平。

（2）产业结构。地区产业结构水平会从供给端和需求端影响各地区与世界各国的贸易畅通水平，本书以地区工业产值占地区生产总值的比重来表示母国产业结构水平。

（3）技术水平和研发能力。各地区的技术水平和研发能力也是影响其与各国开展贸易投资的重要因素（Dunning，1977；Driffield 和 Love，2003）。本书分别利用各省（自治区、直辖市）的专利申请量和大专及高等院校毕业生人数占该地区总人口比重来分别衡量该地区的技术水平和研发能力。

以上数据均来源于历年《中国统计年鉴》《中国科技年鉴》以及各省（自治区、直辖市）《统计年鉴》等数据库，为消除异方差和价格水平的影响,本书对所有水平变量均进行了对数化处理,并利用相应的价格指数进行了平减。变量含义与描述统计见表5-1。

表5-1　　　　　　　变量含义与描述性统计

变量名	变量含义	均值	标准差	最小值	最大值
TC	新建境外经贸合作区数量	0.285	0.804	0	8
lnofdi	对外直接投资规模	5.208	2.481	-4.143	9.9830
lnfdi	实际利用外商直接投资规模	10.46	1.667	5.630	14.730
lnexport	对外出口贸易规模	9.433	1.803	4.755	13.270
lnimport	对外进口贸易规模	13.70	1.984	7.674	17.870
lnhuman	人力资本水平	8.128	1.382	2.996	12.160
ind_gdp	工业产值占国内生产总值比重	0.370	0.130	0.0705	0.914
lngdp	国内生产总值规模	4.417	1.181	0.621	6.931
lnpergdp	人均国内生产总值规模	5.533	0.745	3.613	7.333
lnpatent	专利申请数量	9.038	1.799	2.773	13.120

第二节　实证结果及解释

一、基准检验

表5-2报告了采用固定效应模型估计的境外经贸合作区对中国贸易畅通影响的基本结果。其中,第(1)列、第(2)列、第(3)列和第(4)列的被解释变量分别为各省(自治区、直辖市)对外直接投资规模水平、实际利用外商直接投资水平、对外出口贸易水平和对外进口贸易水平。表5-2的研究结果表明,境外经贸合作区对各省(自治区、直辖市)对外直接投资规模和对外出口贸易规模的影响系数分别显著为正和显著为负,表明境外经贸合作区对各省(自治区、直辖市)对外直接投资具有显著的促进作用,对各省(自治区、直辖市)对外出口贸易规模具有显著的替代作用。这与李嘉楠等(2016)、张相伟和龙小宁(2022)的估计结果一致。表明各省(自治区、直辖市)境外经贸合作区的建立已经有效发挥了企业

"走出去"的载体和平台作用,成为各省(自治区、直辖市)充分利用国内和国外市场配置资源,实现产业转移和产业结构升级的重要途径。境外经贸合作区对各省(自治区、直辖市)出口贸易具有显著的替代效应,其可能的原因在于各省(自治区、直辖市)通过在东道国所建立的境外经贸合作区内投资建厂来代替之前的出口贸易而服务东道国市场。境外经贸合作区对各省(自治区、直辖市)进口贸易和实际利用外商直接投资的估计系数不显著,表明目前境外经贸合作区对中国与世界各国进口贸易和实际利用外商直接投资的影响尚不明显。

表5-2　　　　　境外经贸合作区与贸易畅通:基本检验

模型变量	(1) lnofdi	(2) lnfdi	(3) lnexport	(4) lnimport
TC	0.0515*	0.0140	-0.0342***	0.0069
	(0.0270)	(0.0179)	(0.0113)	(0.0162)
lnhuman	0.0379	0.2025***	-0.0230	0.2282
	(0.4941)	(0.0756)	(0.1552)	(0.1533)
ind_gdp	0.4643	-0.4346	-0.3759	-1.6606
	(1.4672)	(0.5745)	(0.9954)	(1.0241)
lngdp	0.9712**	0.8222***	1.1968***	1.0921***
	(0.4760)	(0.2665)	(0.2676)	(0.2926)
lnpergdp	1.4435***	0.1777	1.1456***	0.9725***
	(0.3322)	(0.2878)	(0.2334)	(0.3770)
lnpatent	0.0552	0.0757	0.0183	-0.0715
	(0.1259)	(0.0992)	(0.1048)	(0.0906)
Constant	-9.4773***	3.9497***	-0.9081	3.7841**
	(3.2992)	(1.1855)	(1.3684)	(1.6200)
Prov FE	YES	YES	YES	YES
Year FE	YES	YES	YES	YES
N	480	496	496	496

注:括号内为稳健性标准误,***、**、*分别表示在1%、5%、10%的水平显著;Prov FE和Year FE分别表示省份固定效应和年度固定效应;YES表示控制了该变量。

其他控制变量的系数也与现有文献一致。各省（自治区、直辖市）地区生产总值规模和人均地区生产总值的系数显著为正，表明各省（自治区、直辖市）与世界各国贸易畅通的水平与本省（自治区、直辖市）经济发展水平密切相关（陈景华，2014；余官胜和杨文，2015）；人力资本水平是各地区实际利用外商直接投资的重要影响因素。

二、异质性检验

（一）区域异质性

由于中国各地区经济、社会和文化等方面存在显著差异，本书分别对中国东部地区和中西部地区境外经贸合作区建立的贸易畅通效应进行了分样本考察。估计结果如表5-3所示，其中，第（1）—（4）列的样本为东部地区，第（5）—（8）列的样本为中西部地区。表5-3研究结果表明，东道国境外经贸合作区的建立显著促进了东部地区的进口贸易规模和实际利用外商直接投资水平，但是境外经贸合作区对东部地区对外直接投资规模和对外出口贸易规模的影响尚不明显。其原因可能在于东部地区在东道国所建立的境外经贸合作区促进了东部地区与世界各国的交流与往来，吸引了东道国本土的企业到东部地区进行投资，主要是寻求中国的技术。由于中国境外经贸合作区大多是位于"一带一路"沿线国家和地区，该地区通常具有丰富的劳动力、农业和矿产资源，东部地区在东道国所建立境外经贸合作区具有资源寻求型和效率寻求型的动机，通过获取东道国的资源，或者利用东道国廉价的劳动力成本进行产品的加工制造，然后再出口到中国。因此，境外经贸合作区对东部地区的进口贸易具有显著的促进作用。

表5-3　　　　　境外经贸合作区与贸易畅通：分地区检验

模型	(1)	(2)	(3)	(4)	(5)	(6)	(7)	(8)
地区	东部地区				中西部地区			
变量	lnofdi	lnfdi	lnexport	lnimport	lnofdi	lnfdi	lnexport	lnimport
TC	0.0427	0.0441*	-0.0211	0.0170**	0.0928**	-0.0184	-0.0382**	0.0039
	(0.0504)	(0.0256)	(0.0135)	(0.0082)	(0.0381)	(0.0148)	(0.0157)	(0.0316)

续表

模型	(1)	(2)	(3)	(4)	(5)	(6)	(7)	(8)
地区	东部地区				中西部地区			
变量	lnofdi	lnfdi	lnexport	lnimport	lnofdi	lnfdi	lnexport	lnimport
lnhuman	-0.3281	0.2001	0.0532	-0.1725**	0.1638	0.1444	-0.0511	0.2837
	(0.4654)	(0.1551)	(0.0960)	(0.0735)	(0.5267)	(0.1021)	(0.1919)	(0.2106)
ind_gdp	0.0218	0.5397	-0.8421	-1.8592**	1.6940	-0.5568	-0.4098	-1.0697
	(0.6534)	(1.2662)	(0.5865)	(0.8239)	(2.3122)	(0.9458)	(1.6467)	(1.3507)
lngdp	1.2016***	0.2123	1.0462***	1.1718***	0.5122	0.8835***	1.0222***	1.0110***
	(0.3579)	(0.3107)	(0.2959)	(0.3766)	(0.7217)	(0.3332)	(0.3541)	(0.3865)
lnpergdp	1.5402***	-0.7353*	0.4791	0.7091*	1.9974*	0.0342	0.8743*	0.3526
	(0.4313)	(0.4376)	(0.3223)	(0.4084)	(1.0865)	(0.5746)	(0.4609)	(0.7893)
lnpatent	-0.1422	0.1185	-0.0180	-0.2095***	0.2444	0.0890	0.0830	-0.0043
	(0.1032)	(0.0818)	(0.0837)	(0.0580)	(0.2202)	(0.1398)	(0.1286)	(0.1167)
Constant	-5.9592***	11.1150***	3.3893**	9.9863***	-13.2160**	4.3196*	0.3692	5.1858
	(1.3915)	(1.3961)	(1.6260)	(2.2683)	(6.2800)	(2.5767)	(2.5617)	(3.5933)
Prov FE	YES	YES	YES	YES	YES	YES	YES	YES
Year FE	YES	YES	YES	YES	YES	YES	YES	YES
N	174	176	176	176	306	320	320	320

注：括号内为稳健性标准误，***、**、*分别表示在1%、5%、10%的水平显著；Prov FE 和 Year FE 分别表示省份固定效应和年度固定效应；YES 表示控制了该变量。

境外经贸合作区对中西部地区的对外直接投资规模具有显著的促进作用，对西部地区对外出口贸易规模具有显著的替代作用。但是，境外经贸合作区对中西部地区实际利用外商直接投资规模和进口贸易的影响不显著。其原因可能在于随着中国"人口红利"的消失，中国劳动力成本优势正逐渐丧失（蔡昉，2008；姚枝仲，2013）。中西部地区的劳动密集型企业通过境外经贸合作区搭建的平台"走出去"进行边际产业转移，以延长劳动密集型产品的生命周期，在通过对外直接投资的方式服务东道国市场的同时，以出口贸易的方式服务中国市场。

其他控制变量结果表明，地区生产总值规模和人均地区生产总值水平均是影响各地区与世界各国贸易畅通的重要因素。

(二) 时间异质性

2006年，中国正式提出在东道国建立境外经贸合作区，境外经贸合作区进入调整发展阶段。因此，本书以2006年为时间分界线，采用固定效应模型分别对2003—2005年和2006—2019年中国境外经贸合作区的贸易畅通效应进行了考察。实证估计结果如表5-4所示。研究结果表明：2003—2005年，境外经贸合作区对各地区贸易畅通的影响不显著；2006—2019年，境外经贸合作区对各地区对外直接投资具有显著的促进作用，对出口贸易规模具有显著的替代作用。其原因在于：一方面，境外经贸合作区在2006年之后才正式进入快速发展阶段；另一方面，中国劳动力成本在2005年之后上升才比较明显（姚枝仲，2013）。中国对外直接投资存在生命周期，中国对外直接投资逐渐从资源和市场寻求型向效率寻求型转变，2005年之后国内劳动力成本上升对中国对外直接投资具有显著的促进作用（张相伟和龙小宁，2021）。境外经贸合作区则为中国中小企业提供了"抱团走出去"的平台，合作区内企业通过在东道国境外经贸合作区内投资建厂来服务东道国市场，并以出口的方式服务中国国内市场。因此，境外经贸合作区对中国对外直接投资具有促进作用，对出口贸易具有替代作用。

表 5-4　　境外经贸合作区与贸易畅通：分时间段检验

模型 样本区间 变量	(1)	(2)	(3)	(4)	(5)	(6)	(7)	(8)
	2003—2005 年				2006—2019 年			
	lnofdi	lnfdi	lnexport	lnimport	lnofdi	lnfdi	lnexport	lnimport
TC	0.4008	0.0077	-0.0087	0.0571	0.0714**	0.0160	-0.0405***	0.0029
	(0.2554)	(0.0354)	(0.0829)	(0.0437)	(0.0302)	(0.0164)	(0.0115)	(0.0145)
lnhuman	-0.6960	0.0396	-0.0400	0.1088	0.3199	0.2666***	-0.0952	0.1996
	(0.5400)	(0.1399)	(0.1024)	(0.1037)	(0.5819)	(0.0866)	(0.2291)	(0.2064)
ind_gdp	0.1326	-0.2901	0.4270	-0.8857*	0.3368	-0.6558	-0.3621	-0.8530
	(1.1671)	(0.8851)	(0.6436)	(0.4974)	(1.7492)	(0.7224)	(1.1585)	(1.1919)
lngdp	1.4611***	0.9596***	1.1595***	1.2537***	0.7520	0.7982***	1.2883***	0.2184
	(0.4323)	(0.2796)	(0.2260)	(0.2500)	(0.5719)	(0.2870)	(0.3065)	(0.7503)

续表

模型 样本区间 变量	(1)	(2)	(3)	(4)	(5)	(6)	(7)	(8)
	\multicolumn{4}{c}{2003—2005 年}			2006—2019 年		
	lnofdi	lnfdi	lnexport	lnimport	lnofdi	lnfdi	lnexport	lnimport
$lnpergdp$	1.4551***	1.0690***	1.4434***	1.9547***	1.3364***	0.3020	1.2031***	1.1420**
	(0.2785)	(0.2224)	(0.2186)	(0.2067)	(0.4404)	(0.3076)	(0.2293)	(0.5822)
$lnpatent$	0.1018	0.0275	-0.0728	-0.1561	0.0457	0.0583	0.0045	-0.1029
	(0.1552)	(0.0882)	(0.1019)	(0.1010)	(0.1403)	(0.0887)	(0.0940)	(0.1081)
Constant	-6.0042*	0.8877	-1.6500*	-0.0678	-8.9282	1.8557	-2.3218	7.8637
	(3.1750)	(1.0723)	(0.9514)	(0.8235)	(5.4953)	(1.6283)	(2.4649)	(3.0762)
Prov FE	YES	YES	YES	YES	YES	YES	YES	YES
Year FE	YES	YES	YES	YES	YES	YES	YES	YES
N	82	93	93	93	398	403	403	403

注：括号内为稳健性标准误，***、**、*分别表示在1%、5%、10%的水平显著；Prov FE 和 Year FE 分别表示省份固定效应和年度固定效应；YES 表示控制了该变量。

三、稳健性检验

由于各地区与世界各国的贸易畅通具有可持续性，本书加入被解释变量的滞后项，并采用系统 GMM 的方法重新检验境外经贸合作区的贸易畅通效应，以确保实证结果的稳健性。系统 GMM 估计的一致性要取决于误差项无自相关这个假设的有效性和工具变量的可靠性。为此，本书对模型设定的合理性和工具变量的有效性进行了检验，重点报告了与系统 GMM 相关的三项检验统计量指标。其中 Sargan 检验的卡方统计量用于检验约束条件是否存在过度识别，即检验工具变量的合理性。Arellano – Bond 检验中的 AR(1) 和 AR(2) 分别用于检验估计扰动项是否存在一阶和二阶序列自相关。

表 5 – 5 估计结果显示，尽管部分回归模型的扰动项存在一阶自相关，但均不存在二阶自相关，故接受原假设扰动项无自相关。工具变量有效性的 Sargan 检验的 p 值均等于 1，表明无法拒绝 "所有变量均有效" 的原假设。因此，上述模型的估计系数是比较可靠的。

表 5-5　　　境外经贸合作区与贸易畅通：系统 GMM 检验

模型 变量	(1) lnofdi	(2) lnfdi	(3) lnexport	(4) lnimport
TC	0.1381***	0.0018	-0.0086**	-0.0098
	(0.0151)	(0.0088)	(0.0039)	(0.0066)
lnhuman	0.1241***	0.0183	-0.2013**	0.0756
	(0.0130)	(0.0966)	(0.0838)	(0.1215)
ind_gdp	3.4050***	-2.1610	-3.5243*	-10.4160*
	(1.1602)	(1.3906)	(1.9995)	(6.0697)
lngdp	0.4162	0.5050**	0.6333	1.4137*
	(0.4286)	(0.2449)	(0.3919)	(0.7559)
lnpergdp	1.4683***	0.1311	-0.6671**	-1.1925
	(0.3894)	(0.5281)	(0.3003)	(1.3546)
lnpatent	0.0763	-0.0159	0.2373**	0.2365*
	(0.1733)	(0.1477)	(0.1193)	(0.1320)
L.lnofdi	0.2989***			
	(0.0251)			
L.lnfdi		0.6931***		
		(0.1308)		
L.lnexport			0.7797***	
			(0.1940)	
L.lnimport				0.4299
				(0.3784)
Constant	-9.2848***	0.9633	4.0465**	8.7235
	(1.1584)	(2.0502)	(1.6979)	(5.9910)
Prov FE	YES	YES	YES	YES
Year FE	YES	YES	YES	YES
Sargan	29.7985	9.994246	9.0994	6.335785
	(1.0000)	(1.0000)	(1.0000)	(1.0000)
AR(1)	-3.9569	-1.8922	-2.2090	-.4725
	(0.0001)	(0.0585)	(0.0272)	(0.6366)
AR(2)	1.5411	0.9313	-.3185	1.6053
	(0.1233)	(0.3517)	(0.7501)	(0.1084)
N	449	465	465	465

注：括号内为稳健性标准误，***、**、* 分别表示在 1%、5%、10% 的水平显著；Prov FE 和 Year FE 分别表示省份固定效应和年度固定效应；YES 表示控制了该变量。AR(1) 和 AR(2) 检验量报告的为 z 值，下方的括号内是 p 值。Sargan 检验量报告的是卡方值，括号内为 p 值。

第三节　结论与启示

本章在前面理论研究的基础上，基于2003—2019年中国31个省（自治区、直辖市）的境外经贸合作区数据、对外直接投资数据、实际利用外商直接投资数据、对外出口贸易数据、对外进口贸易数据等数据，构建固定效应面板数据模型，实证检验了境外经贸合作区对中国与世界各国贸易畅通的影响。

本研究发现：首先，各省（自治区、直辖市）境外经贸合作区的建立有效发挥了企业"走出去"的载体和平台作用，成为各省（自治区、直辖市）充分利用国内和国外市场配置资源，实现产业转移和产业结构升级的重要途径。随着国内资源约束日趋严重和劳动力成本优势的逐渐消失，中国企业通过在东道国投资建厂来利用本地的资源和劳动力来代替之前的出口贸易而服务东道国市场，故境外经贸合作区对各省（自治区、直辖市）出口贸易具有显著的替代效应。然而，目前境外经贸合作区对各省（自治区、直辖市）与世界各国进口贸易和实际利用外商直接投资的影响尚不显著。其次，境外经贸合作区对各省（自治区、直辖市）贸易畅通的影响存在区域异质性和时间异质性。境外经贸合作区促进了中国中西部地区的对外直接投资，减少了中西部地区对东道国的出口贸易规模。出于寻求市场和技术的动机，境外经贸合作区促进了东道国对中国东部地区的直接投资。境外经贸合作区在2005年之后对各省（自治区、直辖市）贸易畅通才表现出显著的影响。

上述结果对中国与世界各国的贸易畅通具有重要的政策启示：

第一，境外经贸合作区已经有效发挥了企业"抱团走出去"的平台作用，各省（自治区、直辖市）应加强境外经贸合作区在东道国的建设，使境外经贸合作区成为企业"走出去"的载体和平台，成为各省（自治区、直辖市）产业腾笼换鸟，实现产业优化升级的平台。

第二，目前境外经贸合作区对东道国企业来华投资的促进作用仅在东部地区比较显著。在中国实际利用外资放缓的背景下，中国中西部地区应以境外经贸合作区为纽带，加强中国与东道国的交流与合作，鼓励东道国来华投资建厂。

第三，目前各省（自治区、直辖市）科技研发型境外经贸合作区较少，主要利用东道国的农业和矿产资源以及廉价的劳动力成本，以境外经贸合作区为载体进行边际产业转移。创新是经济发展的第一动力。在中国实施创新驱动发展战略的背景下，各省（自治区、直辖市）应加强东道国科技研发型境外经贸合作区的建设，从寻求东道国的市场和资源向寻求东道国的技术转变。

第六章　境外经贸合作区与贸易畅通的实证检验：跨国层面的证据

第一节　境外经贸合作区与贸易畅通：对外直接投资

改革开放以来，随着中国经济实力的稳步提升和"走出去"战略的深入实施，中国对外直接投资取得了长足的发展。其中，2015年中国对外直接投资流量首次超过当年吸引外资量，表明中国产业开启了以主导者的身份融入国际贸易体系的新时期（吴福象和段巍，2017）。据商务部统计数据，2019年中国对外直接投资流量是2002年的51倍，位列全球第二。但其存量与发达国家相比，仍有较大差距。在"逆全球化"的思潮愈演愈烈、单边保护主义不断蔓延、国际经贸摩擦加剧的情境下，伴随着全球新冠疫情的冲击，全球经济政策的不确定性日益增加，中国企业"走出去"的步伐日趋放缓。

境外经贸合作区作为中国在探索中形成的经贸合作新方式，与数目繁多、内容繁冗、短期内难以有效执行的国际投资与贸易协定相比，可以更加灵活地依靠两国政府之间良好的政治外交关系，以"特区"的形式有效保护企业在经济和制度水平相对落后国家的投资安全。由于契合双边经济和产业发展诉求，境外经贸合作区的影响力和作用日益增强，2014年被商务部定位为"一带一路"建设的重要承接点。2015年发布的《推动共建丝绸之路经济带和21世纪海上丝绸之路的愿景与行动》文件中更是提出"探索投资合作新模式，鼓励合作建设境外经贸合作区、跨境经济合作区等各类产业园区,促进产业集群发展"。2019年1月发布的《对外直接投资统计制度》也新增了"境外经贸合作区定义及合作区类型的统计界定标准"。因此,境外经贸合作区已成为新时期中国对外开放的重要载体和推进"一带一路"建设的有力抓手。在全球经济政策不确定的背景下,探究境外经贸合作区是否有效发挥了中国企业"走出去"的平台作用,促进了中国企业"走出去",对当前背景下探索如何构建新一轮对外开放,实现中国经贸高质量发展,具有重要的理论和实践意义。

本章将在阐述境外经贸合作区对企业对外直接投资影响机制的基础上,基于中国2003—2019年对外直接投资数据,实证检验境外经贸合作区和经济政策不确定性对中国对外直接投资的影响。

一、研究设计

(一) 研究假设

境外经贸合作区是中国在外交关系友好的东道国建立的基础设施完备、主导产业明确、公共服务功能健全、具有集聚和辐射效应的产业园区。境外经贸合作区是中国政府带领中国企业在"走出去"过程中探索的一种符合自身国情、不同于其他发展中和发达国家的一种全新对外投资方式。境外经贸合作区还是中国在参与世界经贸规则构建中形成的一种区域合作方式(张相伟和龙小宁,2022)。境外经贸合作区不仅契合当今世界国际合作与经贸规则构建的新趋势(石静霞,2015),也是中国推动对外直接投资不断发展和企业"走出去"的重要载体。

基于前面关于中国境外经贸合作区的内涵和关于境外经贸合作区与贸易畅通的理论分析,本书认为境外经贸合作区主要应通过弥补东道国基础设施建设不足、降低东道国不确定性风险、弥补东道国金融发展不足、缓解企业融资约束、促进双边民心相通来推动中国企业"走出去"。

1. 弥补东道国基础设施建设不足

中国作为世界上基础设施建设领域拥有绝对优势的国家,在东道国进行境外经贸合作区建设时,投资主体企业不仅在园区内建立自身生产经营所需的厂房和机器设备等基础设施，同时也会完善园区周边的高速公路、车站等交通基础设施以及通信电缆、文娱场所、银行等日常生活所需的基础设施，通过建设境外经贸合作区和弥补东道国基础设施建设的不足，以点带面推动当地经济发展。

一方面，完善的基础设施将突破地域和空间限制，实现更高效及时的信息互通，降低信息壁垒。交通基础设施改善可以降低生产要素和产品的运输成本，提高市场一体化水平，促进市场竞争和专业化分工，从而提升经济效率（马光荣和程小萌等，2020）。另一方面，境外经贸合作区通过完善东道国的基础设施，有利于资源的集中，提高资源配置效率，形成产业集聚效应。一是完善的基础设施有利于带动相关产业原材料和其他生产资源聚集到该园区，降低生产成本和运输成本，提高投资企业的劳动生产率。二是完善的基础设施建设有助于吸引更多企业到当地进行投资，形成规模经济和产业集群，带来产业集聚效应。三是对当地文化娱乐场所和生活设施的建设使当地的消费偏好更接近中国，有助于促进东道国消费转型升级，通过市场规模效应吸引中国企业到东道国进一步投资。例如，京东集团在泰国的中国境外经贸合作区的区域内，建立了集仓储、分拣、运输、配送于一体的东南亚最先进、最完整的智能仓储物流中心。四是境外经贸合作区内机器、厂房等生产设备的建设，不仅能为东道国带来先进的技术设备，还会通过技术溢出效应，促进东道国技术转型升级，从而进一步推动该国基础设施的完善。

2. 降低东道国不确定性风险

海外重大项目能够通过改变地缘因素和促进双边政治交流降低地缘政治风险对于一国投资行为的不利影响。境外经贸合作区作为中国企业"走出去"的重要平台和一种区域合作方式，两国间的政治关系是影响其区位选择的一个重要因素。一般而言，中国境外经贸合作区的选址，偏好于和中国建立了良好外交关系的国家和经济结构与中国相对较为接近的发展中国家或新兴经济体。通过在经济发展相对落后的国家或地区建设境外经贸合作区，能够促进两国政治、经济交往，缓解东道国政策不确定性和经济不确定性对于投资企业生产经营的不利影响。依托于中国与东道国两国政府间的政治关系，境外经贸合作区本质上是对东道国制度环境的一种替代性制度安排，能够缓解经济政策不确定性带来的经营风险，降低经营成本和贸易壁垒（张相伟和龙小宁，2022）。而且，中国境外经贸合作区的建设会给东道国带来先进的技术、多样化的产品和丰裕的就业岗位，增进两国间的经济往来，进一步使两国间的政治外交关系得到升温，良好的外交关系与投资形成双向促进的良性循环。

3. 促进双边民心相通

民心相通是"一带一路"倡议中的重要内容。通过个体面对面的互动交流，推动情感与文化的认同与理解（李自国，2016），这种认同与理解缩小了两国间的文化差异，为投资创造了条件。境外经贸合作区通过为东道国当地提供新的产品、就业岗位和技术而增进中国与当地的民间交流，同时使中国更加接近母国市场的消费偏好和需求，促进双边人民友好往来和文化交流，为中国企业未来到东道国直接投资创造有利条件。一方面，境外经贸合作区内的中国企业将具有中国特色的产品和服务带到东道国，有助于促进双边文化交流互鉴，传播中国优秀文化，同时推动东道国市场消费偏好向中国靠近，营造双边良好文化交流氛围。另一方面，东道国境外经贸合作区的建立增加了对当地劳动力的需求，能够为东道国提供更多的就业岗位，缓解东道国的就业压力，特别是对于大多数经济发展相对缓慢的发展中国家而言，能够在很大程度上提高其居民的经济收入和幸福指数，从而提升其对中国的认同度。

4. 缓解企业融资约束

融资约束显著降低了民营企业对外直接投资的概率（王碧珺等，2015），而境外产业园区通过形成产业集群，缓解了中小企业的融资困难，推动园区内企业产融结合，在一定程度上解决了融资约束对企业海外投资的影响。一是境外经贸合作区为园区内企业提供了良好的信息交流平台，能够在一定程度上缓解企业在资本市场上的信息不对称问题，以及由此带来的融资成本的上升。二是随着境外经贸合作区的持续建设和不断发展，产业集聚和规模效应逐渐明显，相应的产业发展规模得到扩大，资源向该产业园区聚集，能够增加对投资者的吸引力，进一步降低其融资难度。三是企业基于在生产经营过程中与产业园区内其他经营相关产品的企业或上下游企业所建立的信任，能够为彼此的融资做担保。另外，空间上的集聚有利于资本要素在区域内的优化配置，促进产业园区内部的资金循环。

因此，本章将重点检验基础设施建设、东道国风险、融资约束、民心相通等影响机制。

除了上述影响机制外，境外经贸合作区还能够通过双边优惠政策或财政补贴促进对外直接投资的发展。无论是东道国还是母国，均会对到境外经贸合作区进行投资的企业给予一定的优惠政策或财政补贴，从而降低了企业经营的成本和风险，提高了企业盈利的可能性。就母国而言，这种优惠或补贴主要是为了促进更多企业到合作区进行投资；而且，母国适度的财政补贴降低了企业海外经营的成本和风险，从而增强投资企业的信心。就东道国而言，进口税减免、所得税减免、增值税减免、优惠土地使用等政策主要是为了吸引更多外资，以便学习其先进的生产技术和管理经验，促进本国的技术进步和产业结构升级。

综上所述，中国企业出于寻求市场、资源或技术的动机到海外进行直接投资，东道国的市场规模、资源禀赋、劳动力成本、投资环境等决定了其在吸引外来投资时的区位优势；境外经贸合作区通过集聚效应、外部效应、市场规模效应等途径规范东道国的市场环境、形成有效的市场竞争以及专业化的分工，并且在这一过程中不断完善并共享公共基础设施建设，达到降低交易成本、提高交易效率的目的，进而促进中国对外直接投资的发展。

因此，本节提出以下研究假设。

研究假设1：境外经贸合作区对中国对外直接投资具有促进作用。

研究假设2：境外经贸合作区对中国对外直接投资的影响具有国家异质性和时间异质性。

研究假设3：境外经贸合作区对中国对外直接投资的影响与东道国不确定性、基础设施发展水平和金融发展水平以及双边间民心相通相关。

（二）模型、变量与数据

1. 模型构建与变量说明

自 Tinbergen（1962）将万有引力模型引入国际贸易研究领域以来，引力方程逐渐被广泛应用于国际贸易、经济增长和跨国投资等经济学领域。参照 Helpman 等（2008）以及蒋冠宏和蒋殿春（2012）的研究，本章将引力模型用于考察境外经贸合作区对中国对外直接投资的影响。本章模型设定如式 6-1 所示：

$$\ln OFDI_{it} = \alpha + \beta_1 TC_{i,t-1} + \beta_2 lndist + \beta_3 lngdp + \theta X_{it} + \lambda_t + \delta_j + \varepsilon_{it}$$

（式 6-1）

其中，下标 i 和 t 分别表示东道国和年度；$\ln OFDI_{it}$ 是被解释变量，为在第 t 年中国对 i 国的对外直接投资流量，后文稳健性检验中本书还将采用中国对外直接投资存量来衡量；参照 Razin 和 Sadka（2007）的建议，将 OFDI 流量的缺失值替换为零值。并根据 Busse 和 Hefeker（2007）的研究，利用公式 $y = \ln(x + \sqrt{x^2 + 1})$ 对中国对外直接投资变量进行转换。$TC_{i,t-1}$ 为本书的核心解释变量境外经贸合作区，为缓解由双向因果造成的模型内生性对估计结果的影响，将其滞后一期，以中国 $t-1$ 年在东道国是否建立境外经贸合作区来衡量。$lndist$ 和 $lngdp$ 为引力模型的基本控制变量，分别表示双边地理距离和东道国国内生产总值。X_{it} 为控制变量，参照已有研究，本书主要控制了中国是否与东道国签订了双边投资协定、东道国实际利用外资的水平、东道国资源丰裕度、东道国人均国内生产总值、东道国制度水平（张相伟和龙小宁，2018）。δ_j 为洲别固定效应，即东亚与太平洋、欧洲与中亚、拉丁美洲与加勒比海、中东与北非、北美、南亚、撒哈拉沙漠以南的非洲，以控制影响中国对外直接投资的洲别不随时间变化的因素。λ_t 为年度固定效应，以控制宏观经济波动对中国对外直接投资的影响。α 代表常数项，ε_{it} 为随机误差项。需要说明的是，对于东道国而言，中国每年的国内生产总值变量相同，在年份上的差异亦被年份固定效应所控制，故略去。为了消除通胀因素对估计结果的影响，模型中所有的绝对变量均以 2010 年为基期的美元 GDP 平减指数进行了价格平减。

此外，为分析境外经贸合作区对中国对外直接投资影响的机制，本书还构建了境外经贸合作区与东道国基础设施、不确定性风险、东道国金融发展和孔子学院等交互项。

这里主要变量及其含义说明如表6-1所示。

表6-1　　　　　变量名称、含义及变量定义与描述

变量名称	变量含义	变量定义与描述
lnofdi f	中国对外直接投资流量	中国每年对东道国对外直接投资流量的对数值
lnofdi s	中国对外直接投资存量	中国每年对东道国对外直接投资存量的对数值
TC	境外经贸合作区	中国在 $t-1$ 年是否在东道国建立境外经贸合作区
uncertain	不确定性风险	东道国与中国经济政策不确定性指数之比
lndist	双边地理距离	中国与东道国之间的地理距离对数值
lngdp	东道国国内生产总值水平	东道国国内生产总值规模的对数值
lnpgdp	东道国人均国内生产总值水平	东道国人均国内生产总值规模的对数值
BIT	双边投资协定	中国与东道国是否签订双边投资协定
fdi	东道国对外开放水平	东道国外商直接投资流入占国内生产总值比重
resource	东道国资源丰裕度	东道国矿石与金属出口占总出口的百分比
instution	东道国制度水平	东道国监管质量、法律质量、腐败控制、政府效率、政治稳定性，以及话语权和问责制六个指数的平均值
partnership	合作伙伴关系	中国与东道国是否建立伙伴关系
diplomacy	建立外交关系年限	中国与东道国保持外交关系的时间
confucius	东道国孔子学院和孔子课堂数量	中国在东道国设立的孔子学院和孔子课堂数量之和

2. 样本区间和数据来源

自2020年起，世界经济受到新冠疫情冲击，经济发展所面临的不确定性大幅增加，本研究需排除其他因素的干扰。同时，中国自2003年才开始详细公布对外直接投资数据，这也是对样本时间段选定的制约因素。其中，考虑到"避税天堂"国家和地区对企业投资的影响（Kolstad和Wiig，2009），参照OECD（2009）关于"避税天堂"国家或地区的界定方法，

本书剔除了"避税天堂"国家和地区的样本。因囿于数据限制，最终本书样本选择设定为2003—2019年的158个国家和地区。

主要变量的数据来源如下：中国对外直接投资流量和存量数据来源于商务部历年《中国对外直接投资统计公报》；境外经贸合作区的数据手工整理于中国商务部、各省对外贸易经济合作厅官网以及中国国际贸易促进委员会境外产业园区信息服务平台；东道国国内生产总值规模、吸引外资水平、资源丰裕度和制度水平数据来源于世界银行（WDI）数据库；东道国金融发展水平数据来源于世界银行 GFDD 数据库；双边地理距离数据来源于 CEPII 数据库；双边投资协定数据来源于联合国贸发会议（UCTAD）BIT 数据库和中国外交部网站；战略伙伴关系和外交关系数据来源于中国外交部网站；不确定性指数来源于 Ahir 等（2018）所构建的世界不确定性指数（World Uncertainty Index，WUI）数据库——该数据库样本量大，从宏观经济运行环境、体制、预测差值等多维度捕捉各国经济和政治发展过程中的不确定性特征，以反映国家整体不确定性水平，具有较好的回溯性、时变性与连续性。中国在各国孔子学院和孔子课堂分布数据来源于中国汉办官网历年系列《孔子学院发展年度报告》。

主要变量的描述性统计如表 6-2 所示。

表 6-2　　　　　　　　　变量描述性统计

变量	样本量	均值	标准差	最小值	最大值
$lnofdi\_f$	2686	26.2554	14.3240	-0.6931	50.0377
$lnofdi\_s$	2686	33.7414	10.1176	-0.6931	54.7393
TC	2686	0.1701	0.3758	0.0000	1.0000
$uncertain$	1778	2.5662	3.8886	0.0000	58.4615
$lndist$	2601	8.9292	0.5748	6.6965	9.8677
$lngdp$	2564	24.6206	2.1427	19.0248	30.5365
$lnpgdp$	2598	8.5215	1.5288	5.2723	11.6260
BIT	2686	0.3868	0.4871	0.0000	1.0000
fdi	2486	4.6563	7.6689	-58.3229	86.5891
$resource$	2174	9.1064	15.1032	0.0000	86.4196

续表

变量	样本量	均值	标准差	最小值	最大值
instution	2601	-0.0727	0.9297	-2.0002	1.9696
confucius	2659	5.0741	33.9061	0.0000	644.0000
partnership	2686	0.3931	0.4885	0.0000	1.0000
diplomacy	2686	35.8116	17.7046	0.0000	70.0000

二、实证结果分析

(一) 基准检验

表6-3显示了本研究的基本估计结果。为确保估计结果的稳健性,表中第(1)—(3)列仅加入了引力模型的基本控制变量,第(4)列则加入了其他控制变量。

表6-3 境外经贸合作区与中国对外直接投资:基本回归结果

模型 变量	(1) $lnofdi\_f$	(2) $lnofdi\_f$	(3) $lnofdi\_f$	(4) $lnofdi\_f$
TC	3.3926***	3.3246***	3.7521***	3.5443***
	(0.5895)	(0.5981)	(0.6487)	(0.6761)
lndist	-5.6054	-5.3479	-4.3257	-4.3006
	(3.4681)	(3.4623)	(3.3145)	(3.3628)
lngdp	5.3045***	5.1740***	5.0677***	4.6111***
	(0.4864)	(0.4894)	(0.5038)	(0.5312)
BIT		-2.1256**	-1.8435*	-1.8829*
		(1.0153)	(1.0160)	(0.9722)
fdi			-0.0304	-0.0283
			(0.0328)	(0.0319)
resource			0.0509*	0.0569*
			(0.0309)	(0.0313)
lnpgdp				2.5015**
				(1.0914)

续表

模型	(1)	(2)	(3)	(4)
变量	lnofdi_f	lnofdi_f	lnofdi_f	lnofdi_f
instution				-2.6536**
				(1.3292)
Constant	-51.9801*	-50.0669*	-57.2102*	-67.7404**
	(29.9159)	(29.7921)	(29.2377)	(31.0367)
Region FE	YES	YES	YES	YES
Year FE	YES	YES	YES	YES
N	2333	2333	1967	1967

注：括号内为稳健性标准误，***、**、*分别表示在1%、5%、10%的水平显著；Region FE 和 Year FE 分别表示区域固定效应和年度固定效应；YES 表示控制了该变量。

从表6-3的估计结果显示，无论是仅加入引力模型的基本控制变量，还是加入其他所用控制变量，境外经贸合作区（TC）的系数均显著为正，表明东道国境外经贸合作区的建立显著促进了中国对东道国的直接投资。其他控制变量的估计结果与现有文献基本一致。东道国国内生产总值系数显著为正，东道国人均国内生产总值的系数为正，人均国内生产总值在一定程度上衡量了东道国的消费能力，表明中国对外直接投资具有寻求市场的动机。两国之间的地理距离为负，表明距离成本对中国对外直接投资具有阻碍作用。东道国资源丰裕度的系数为正，表明中国企业对外直接投资具有寻求资源的动机。两国间地理距离的系数为负，表明距离成本是影响中国企业对外直接投资的一个重要因素，距离成本的增加对中国对外直接投资具有抑制作用。东道国制度水平的系数为负，表明东道国良好的制度水平是中国到东道国进行直接投资的重要保证。

（二）异质性检验

境外经贸合作区作为双边的一种制度安排，其对中国对外直接投资的影响与东道国制度水平有关。由于"一带一路"沿线国家和非"一带一路"沿线国家、发达国家和发展中国家、RCEP 国家和非 RCEP 国家之间经济发展水平、制度治理水平、投资环境等存在差异，所以，境外经贸合作区对中国企业对不同国家直接投资的影响也可能存在差异，故本书对上述国家进行了分样本检验。

1. 基于"一带一路"沿线国家和非"一带一路"沿线国家的考察

表6-4报告了境外经贸合作区对中国对外直接投资在"一带一路"沿线国家和其他国家异质性影响的估计结果。其中，第（1）列和第（2）列为"一带一路"沿线国家样本，第（3）列和第（4）列为非"一带一路"沿线国家样本，第（5）列和第（6）列为加入境外经贸合作区与东道国是否为"一带一路"国家交互项的全样本[1]。

表6-4 境外经贸合作区与中国对外直接投资："一带一路"沿线国家和其他国家的异质性检验

样本	"一带一路"沿线国家		其他国家		全样本	
模型	（1）	（2）	（3）	（4）	（5）	（6）
变量	$lnofdi\_f$	$lnofdi\_f$	$lnofdi\_f$	$lnofdi\_f$	$lnofdi\_f$	$lnofdi\_f$
TC	1.8335***	1.9221***	5.0997***	5.1017***	3.8524***	3.9755***
	(0.5210)	(0.6111)	(1.0288)	(1.0930)	(0.8429)	(0.9094)
lndist	-3.2627	-0.4506	-10.4733**	-9.2279**	-5.7935	-4.0752
	(5.1124)	(3.8257)	(4.2589)	(4.4646)	(3.5400)	(3.3129)
lngdp	5.7034***	4.8334***	5.1090***	4.5549***	5.3772***	4.6096***
	(0.7488)	(0.7952)	(0.7451)	(0.8489)	(0.4972)	(0.5402)
lnpgdp		3.0407*		1.6826		2.5512**
		(1.6368)		(1.5984)		(1.0931)
BIT		-0.7187		-2.6454*		-1.9690**
		(1.4362)		(1.3776)		(0.9696)
fdi		-0.0523		-0.0048		-0.0279
		(0.0654)		(0.0321)		(0.0318)
resource		0.0789**		0.0233		0.0580*
		(0.0382)		(0.0511)		(0.0321)

---

[1] 关于"一带一路"沿线国家和地区的界定来自中国"一带一路"官网中与中国签订"一带一路"合作文件的国家和地区。

续表

样本	"一带一路"沿线国家		其他国家		全样本	
模型	(1)	(2)	(3)	(4)	(5)	(6)
变量	$lnofdi\_f$	$lnofdi\_f$	$lnofdi\_f$	$lnofdi\_f$	$lnofdi\_f$	$lnofdi\_f$
instution		-3.6141*		-1.8656		-2.7939**
		(1.8667)		(2.0793)		(1.3272)
TC_road					-1.0368	-0.9887
					(0.8710)	(0.9727)
belt_road					1.3408	-0.9917
					(1.5794)	(1.5858)
Constant	-77.4643	-1.1e+02***	-9.7538	-19.6706	-52.7353*	-69.7254**
	(47.2786)	(37.7126)	(33.9866)	(40.4524)	(30.3422)	(30.5785)
Region FE	YES	YES	YES	YES	YES	YES
Year FE	YES	YES	YES	YES	YES	YES
N	1336	1082	997	885	2333	1967

注：括号内为稳健性标准误，***、**、*分别表示在1%、5%、10%的水平显著；Region FE 和 Year FE 分别表示区域固定效应和年度固定效应；YES 表示控制了该变量。

表6-4 第（1）—（4）估计结果显示，无论是仅加入引力模型的基本控制变量，还是加入其他全部控制变量，境外经贸合作区对中国对"一带一路"沿线国家和非"一带一路"沿线国家的直接投资均具有显著的促进作用，且其促进作用其他国家大于"一带一路"沿线国家和地区。其原因可能在于：一方面，东道国的法律制度和营商环境是吸引外商直接投资的重要基础条件，然而，"一带一路"沿线国家和地区的制度和营商环境相对较差，境外经贸合作区的建立在一定程度上弥补了东道国制度环境的不足，但是起不到替代作用。另一方面，由于非"一带一路"沿线国家的经济发展水平较高，拥有较高的消费能力和较大的市场规模，中国在非"一带一路"沿线国家的投资相对较少，境外经贸合作区的建立搭建了两国之间往来交流的平台，境外经贸合作区建立所带来的市场规模效应和品牌效应，激发了东道国市场的消费活力，进而促进中国对东道国的直接投资。但境外经贸合作区与"一带一路"沿线国家的交互项（TC_road）估计系

数不显著,表明虽然境外经贸合作区对"一带一路"沿线国家和非"一带一路"沿线国家对外直接投资的促进作用存在差异但不显著。

2. 基于国家发展水平的考察

表6-5分析了在发达国家和发展中国家设立的境外经贸合作区对中国对其投资的不同影响,第(1)列和第(2)列为发达国家,第(3)列和第(4)列为发展中国家,第(5)列和第(6)列为加入境外经贸合作区与东道国是否为发达国家交互项的全样本。研究结果表明,境外经贸合作区的设立显著促进了中国对外直接投资的发展,但对发达国家投资的促进作用大于对发展中国家的促进作用,这可能是由于发达国家有更为完善的制度和更好的营商环境,市场规模也更大。但是,表6-5第(6)列加入所有控制变量之后,境外经贸合作区与东道国是否为发达国家的交互项系数($TC\_developed$)不显著,表明在假设其他控制变量在发达国家和发展中国家之间不存在系数差异的情况下,境外经贸合作区对中国对发达国家和发展中国家直接投资的影响程度存在的差异不显著。

表6-5 境外经贸合作区与中国对外直接投资:发达国家和发展中国家的异质性检验

样本	发达国家		发展中国家		全样本	
模型	(1)	(2)	(3)	(4)	(5)	(6)
变量	$lnofdi\_f$	$lnofdi\_f$	$lnofdi\_f$	$lnofdi\_f$	$lnofdi\_f$	$lnofdi\_f$
TC	5.1901***	4.1800**	2.6770***	2.9069***	2.4553***	2.5862***
	(1.8646)	(1.9393)	(0.5999)	(0.6756)	(0.5795)	(0.6584)
lndist	4.4785	2.6073	-7.5736**	-6.7977*	-2.9542	-2.6767
	(3.4850)	(4.1160)	(3.4763)	(3.6580)	(3.0692)	(2.9615)
lngdp	8.7056***	6.2718***	5.7090***	4.8306***	6.0923***	5.0652***
	(1.0833)	(1.1066)	(0.5485)	(0.5889)	(0.5202)	(0.5476)
lnpgdp		15.5431***		2.4172**		3.2281***
		(4.0795)		(1.1227)		(1.1314)
BIT		-3.1698**		-1.9476*		-2.1314**
		(1.4042)		(1.0799)		(0.9684)

续表

样本	发达国家		发展中国家		全样本	
模型	（1）	（2）	（3）	（4）	（5）	（6）
变量	lnofdi_f	lnofdi_f	lnofdi_f	lnofdi_f	lnofdi_f	lnofdi_f
fdi		-0.0359		-0.0079		-0.0240
		(0.0360)		(0.0570)		(0.0310)
resource		0.0262		0.0498		0.0608*
		(0.0769)		(0.0336)		(0.0330)
instution		-8.0890		-1.2322		-1.6275
		(5.8879)		(1.4018)		(1.4302)
TC_developed					4.1018**	3.8300**
					(1.9679)	(1.9514)
developed					-10.1405***	-10.1969***
					(2.6497)	(3.0208)
Constant	-2.4e+02***	-3.1e+02***	-42.6478	-48.9673	-90.8937***	-96.5458***
	(40.5342)	(42.6255)	(33.0736)	(36.2357)	(29.8960)	(30.4664)
Region FE	YES	YES	YES	YES	YES	YES
Year FE	YES	YES	YES	YES	YES	YES
N	496	495	1821	1457	2317	1952

注：括号内为稳健性标准误，***、**、*分别表示在1%、5%、10%的水平显著；Region FE 和 Year FE 分别表示区域固定效应和年度固定效应；YES 表示控制了该变量。

3. 基于RCEP国家和其他国家的考察

为考察境外经贸合作区对RCEP国家和其他国家的异质性影响，本研究对RCEP国家和非RCEP国家进行了分样本检验。实证估计结果如表6-6所示。其中，第（1）列和第（2）列为RCEP国家样本，第（3）列和第（4）列为非RCEP国家样本，第（5）列和第（6）列为加入境外经贸合作区与东道国是否RCEP国家交互项的全样本。表6-6研究结果表明，无论仅加入引力模型的基本控制变量，还是加入影响中国对外直接投资的其他所有控制变量，境外经贸合作区对中国对外直接投资均具有显著的促进作用；而且，相对于其他国家，境外经贸合作区对中国对RCEP国家直接投资的促进作用较大。其原因可能在于：与欧盟、CPTPP等区域贸易集团相比，RCEP 在人口、经济总量、货物贸易规模等方面均为迄今全球体量最大的自贸区，也是中国最重要的贸易和投资伙伴之一。根据中国商务部统计，2019 年中国对 RCEP 其他 14 个国家的对外直接投资为 164 亿美元，占对外直接投资总额的 12%。而中国在东道国所建立的境外经贸合作区为中国企业"走出去"提供了重要载体，并促进了中国与 RCEP 国家之间交流往来，境外经贸合作区充分发挥了对中国对 RCEP 国家直接投资的重要促进作用。同时，RCEP 的签订减少了中国企业对外投资合作的不确定性风险（袁波等，2022）。因此，境外经贸合作区和 RCEP 签署的叠加效应增强了中国对 RCEP 国家的直接投资。但是，境外经贸合作区与东道国是否为 RCEP 国家的交互项系数（TC_rcep）并不显著，表明在假设其他控制变量在 RCEP 国家和其他国家之间的不存在系数差异的情况下，境外经贸合作区对中国对 RCEP 国家和其他国家的直接投资促进作用的差异不显著。其原因可能为 RCEP 刚刚生效，对双边投资的影响尚不明显。

表 6-6 境外经贸合作区与中国对外直接投资：RCEP 国家和其他国家的异质性检验

样本	RCEP 国家		其他国家		全样本	
模型	(1)	(2)	(3)	(4)	(5)	(6)
变量	$lnofdi\_f$	$lnofdi\_f$	$lnofdi\_f$	$lnofdi\_f$	$lnofdi\_f$	$lnofdi\_f$
TC	4.9681***	5.3895***	3.0479***	3.1362***	3.1675***	3.2601***
	(0.6751)	(0.9711)	(0.6805)	(0.7789)	(0.6435)	(0.7311)
$lndist$	0.6118	-0.8607	-10.4504***	-8.2442**	-5.8658*	-4.0732
	(0.9841)	(1.3577)	(3.8061)	(3.9781)	(3.0332)	(2.9352)
$lngdp$	1.6976***	1.8233***	6.0823***	5.3434***	5.7026***	5.0473***
	(0.5807)	(0.1577)	(0.4962)	(0.5643)	(0.4899)	(0.5138)
$lnpgdp$		-3.1063		2.4803**		2.0928**
		(2.4346)		(1.1809)		(1.0553)
BIT		-0.3853		-1.9739**		-2.1890**
		(2.4333)		(0.9894)		(0.9478)

续表

样本	RCEP 国家		其他国家		全样本	
模型	（1）	（2）	（3）	（4）	（5）	（6）
变量	lnofdi_f	lnofdi_f	lnofdi_f	lnofdi_f	lnofdi_f	lnofdi_f
fdi		0.3460***		-0.0335		-0.0316
		(0.1170)		(0.0322)		(0.0320)
resource		0.1301***		0.0480		0.0530*
		(0.0289)		(0.0320)		(0.0311)
instution		5.2757		-2.4701*		-2.3885*
		(4.5260)		(1.3158)		(1.2863)
TC_rcep					1.4090	2.1612
					(1.1710)	(1.4519)
RCEP					-13.8657***	-12.3274***
					(4.0506)	(3.6922)
Constant	-14.5993	18.1632	-22.8075	-45.8313	-51.9686*	-69.6801**
	(20.4792)	(28.8018)	(34.8130)	(38.1857)	(28.1875)	(28.5628)
Region FE	YES	YES	YES	YES	YES	YES
Year FE	YES	YES	YES	YES	YES	YES
N	192	183	2141	1784	2333	1967

注：括号内为稳健性标准误，***、**、* 分别表示在1%、5%、10%的水平显著；Region FE 和 Year FE 分别表示区域固定效应和年度固定效应；YES 表示控制了该变量。

4. 基于时间异质性的考察

2006 年之后中国境外经贸合作区才正式进入快速发展阶段。为考察境外经贸合作区 2006 年前后对中国对外直接投资的影响，这里对 2003—2005 年和 2006—2019 年的样本进行了分别检验。估计结果如表 6-7 所示。表 6-7 的估计结果显示，境外经贸合作区的估计系数均显著为正，境外经贸合作区与 2006 年的交互项显著为正，而且，2003—2005 年样本区间境外经贸合作区的估计系数大于 2006—2019 年的估计系数。因此，2003—2005 年的样本区间内，境外经贸合作区对中国对外直接投资的促进作用较大。其原因可能在于 2003—2005 年中国对外直接投资和境外经贸合作区的建设均处于起步阶段，投资潜力较大。同时，在中国企业"走出去"普遍缺乏经验的情况下，到东道国进行直接投资遇到的风险较多，而境外经贸合作区作为双边间的一种制度安排，能够以一种特殊的方式为中国企业在东道国的投资提供保护。因此，在中国对外直接投资和境外经贸合作区的建设处于起步阶段时，境外经贸合作区对中国对外直接投资的促进作用更大。

表 6-7 境外经贸合作区与中国对外直接投资：时间异质性检验

样本区间	2003—2005 年		2006—2019 年		全样本	
模型	（1）	（2）	（3）	（4）	（5）	（6）
变量	lnofdi_f	lnofdi_f	lnofdi_f	lnofdi_f	lnofdi_f	lnofdi_f
TC	13.6106***	8.1828**	1.9260***	2.1988***	2.8997***	3.0656***
	(1.7216)	(3.2512)	(0.3960)	(0.4259)	(0.5734)	(0.6563)
lndist	-7.9975***	-5.5998*	-5.5624*	-3.7198	-5.6833*	-4.3889
	(3.1027)	(3.0319)	(2.9377)	(2.9313)	(3.3735)	(3.2882)
lngdp	4.0684***	5.2351***	3.9654***	4.0253***	5.0980***	4.5752***
	(0.4536)	(0.5810)	(0.4234)	(0.5037)	(0.4711)	(0.5175)
lnpgdp		-1.5982		0.6441		2.1385**
		(1.5578)		(0.9495)		(1.0495)
BIT		-1.7087		-0.1408		-1.5788*
		(1.7668)		(0.7696)		(0.9564)
fdi		0.1580		-0.0211		-0.0154
		(0.0983)		(0.0354)		(0.0306)
resource		0.1876***		-0.0049		0.0540*
		(0.0392)		(0.0321)		(0.0313)
instution		-1.0471		-1.3768		-2.3998*
		(2.1923)		(1.0538)		(1.2711)
byear					4.4852***	4.0640***
					(1.2185)	(1.2106)
d_year					-4.8913***	-5.0230***
					(0.7748)	(0.8932)

续表

样本区间	2003—2005 年		2006—2019 年		全样本	
模型	(1)	(2)	(3)	(4)	(5)	(6)
变量	$lnofdi\_f$	$lnofdi\_f$	$lnofdi\_f$	$lnofdi\_f$	$lnofdi\_f$	$lnofdi\_f$
Constant	-6.1988	-43.8882	-18.1356	-40.5338	-45.8873	-62.7552**
	(29.2320)	(31.7264)	(25.1992)	(26.5744)	(29.0824)	(30.2969)
N	294	249	1892	1596	2333	1967

注：括号内为稳健性标准误，***、**、* 分别表示在1%、5%、10%的水平显著；Region FE 和 Year FE 分别表示区域固定效应和年度固定效应；YES 表示控制了该变量。

（三）机制检验

为了检验境外经贸合作区设立对中国对外直接投资影响的具体机制，基于前面的理论机制分析，在此实证检验境外经贸合作区是否通过弥补东道国基础设施建设不足、降低东道国不确定性风险、缓解企业融资约束以及促进双边民心相通等途径促进中国对东道国的直接投资。

1. 境外经贸合作区与设施联通

为了检验中国境外经贸合作区能否通过弥补东道国基础设施不足而促进中国对东道国的直接投资，这里以东道国固定宽带用户数量（$fixbroad$）、移动电话使用数量（$mobile$）、互联网用户数（$internet$）来衡量东道国基础设施水平，并构建境外经贸合作区与东道国基础设施水平的交互项（$TC\ fixbroad$、$TC\ mobile$、$TC\ internet$）。估计结果如表 6-8 所示。

表 6-8　境外经贸合作区、东道国基础设施与中国对外直接投资

模型	(1)	(2)	(3)	(4)	(5)	(6)
变量	$lnofdi\_f$	$lnofdi\_f$	$lnofdi\_f$	$lnofdi\_f$	$lnofdi\_f$	$lnofdi\_f$
TC	5.4797***	3.7801***	7.1332***	4.5605***	2.5810***	1.8121*
	(0.6942)	(0.7836)	(0.7137)	(0.7682)	(0.6879)	(0.9844)
TC fixbroad	-0.0019*	-0.0011**				
	(0.0010)	(0.0005)				
fix_broad	0.0040**	0.0016***				
	(0.0016)	(0.0006)				

续表

模型	(1)	(2)	(3)	(4)	(5)	(6)
变量	$lnofdi\_f$	$lnofdi\_f$	$lnofdi\_f$	$lnofdi\_f$	$lnofdi\_f$	$lnofdi\_f$
TC mobile			-0.0009***	-0.0004***		
			(0.0002)	(0.0001)		
mobile			0.0010***	0.0003***		
			(0.0002)	(0.0001)		
TC internet					-0.0297	-0.0237
					(0.0221)	(0.0175)
internet					0.2047***	0.1714***
					(0.0223)	(0.0144)
lndist		-3.9523		-4.0104		-3.6397
		(3.4534)		(3.3336)		(2.4106)
lngdp		4.2640***		4.2964***		4.5117***
		(0.5218)		(0.5239)		(0.4631)
lnpgdp		2.1614**		2.4957**		-1.1251
		(1.0519)		(1.0487)		(0.9887)
BIT		-1.2246		-1.9427**		-0.1935
		(0.9930)		(0.9890)		(1.0684)
fdi		-0.0435		-0.0309		-0.0014
		(0.0359)		(0.0319)		(0.0278)
resource		0.0450		0.0551*		0.0616**
		(0.0291)		(0.0309)		(0.0268)
instution		-2.3337*		-2.6584**		-2.9046***
		(1.2777)		(1.3016)		(1.1231)
Constant	30.0426***	-59.7307*	29.1197***	-63.2579**	24.1945***	-46.6437**
	(2.2339)	(31.2897)	(2.0700)	(30.6802)	(2.2747)	(22.6813)
Region FE	YES	YES	YES	YES	YES	YES
Year FE	YES	YES	YES	YES	YES	YES
N	2297	1870	2481	1961	2406	1926

注：括号内为稳健性标准误，***、**、* 分别表示在1%、5%、10%的水平显著；Region FE 和 Year FE 分别表示区域固定效应和年度固定效应；YES 表示控制了该变量。

表6-8研究结果显示，无论仅加入引力模型的基本控制变量，还是加入其他影响中国对外直接投资的控制变量，东道国固定宽带用户数量（fix-broad）、移动电话使用数量（mobile）、互联网用户数（internet）等东道国基础设施变量的估计系数均显著为正，表明东道国良好的基础设施建设是中国对该国进行直接投资的基础。境外经贸合作区与东道国基础设施各项指标交互项的估计系数均显著为负，表明境外经贸合作区与东道国基础设施建设之间呈现替代关系，即中国在东道国设立的境外经贸合作区能够弥补东道国基础设施建设的不足进而促进中国对外直接投资。其原因在于中国在东道国建立境外经贸合作区时，不仅在东道国当地建立与自身生产经营密切相关的厂房和机器设备，同时也会完善高速公路、车站以及通信电缆、文娱场所、银行等配套设施，以及进行了通路、通电、通信、通排水、通给水、通热力、通燃气及平整土地等"七通一平"的基础设施建设与完善。合作区基础设施建设的空间溢出效应有助于形成集聚经济，降低运输成本和协调成本，以及提高信息传输速度和加强资源整合能力（Blyde和Molina，2015；Donaldson和Richard，2016），从而吸引中国、东道国和其他国家的企业在园区开展生产经营活动（严兵等，2021；刘洪愧，2022）。因此，境外经贸合作区能够弥补东道国基础设施不足，促进设施联通，进而促进中国对东道国的直接投资。

2. 境外经贸合作区与东道国不确定性

为了检验境外经贸合作区能否通过降低东道国不确定性风险而促进中国对外直接投资，本研究采用东道国与中国经济政策不确定性指数之比衡量东道国不确定性风险，并构建境外经贸合作区与东道国不确定性风险指数的交互项。估计结果如表6-9第（1）列和第（2）列所示。其中第（1）列仅加入引力模型的基本控制变量，第（2）列则加入了所有其他控制变量。

表6-9第（1）列和第（2）列的研究结果表明，不确定性风险的系数显著为负，表明东道国不确定性风险增加显著抑制了中国对东道国的直接投资，境外经贸合作区和不确定性风险的交互项系数显著为正，表明境

表 6-9 境外经贸合作区、不确定性和民心相通与中国对外直接投资

机制模型变量	境外经贸合作区、不确定性与中国 OFDI		境外经贸合作区、民心相通与中国 OFDI	
	(1)	(2)	(3)	(4)
	lnofdi_f	lnofdi_f	lnofdi_f	lnofdi_f
TC	3.9810 ***	2.4868 ***	1.5019 ***	1.4287 ***
	(0.5991)	(0.7237)	(0.1443)	(0.1415)
uncertain	-0.2243 ***	-0.1772 ***		
	(0.0444)	(0.0431)		
TC_uncertain	0.2154 ***	0.1344 **		
	(0.0634)	(0.0571)		
confucius			0.0081 ***	0.0078 ***
			(0.0025)	(0.0024)
TC_confucius			0.0216 ***	0.0204 ***
			(0.0077)	(0.0076)
lndist		-4.8397	-1.2274 *	-1.0996
		(3.1538)	(0.6593)	(0.6959)
lngdp		4.7024 ***	1.0124 ***	0.7853 ***
		(0.5853)	(0.1003)	(0.1022)
lnpgdp		0.8011		1.0494 ***
		(1.0524)		(0.2270)
BIT		-2.2868 *		-0.7925 ***
		(1.1953)		(0.2400)
fdi		0.0230		0.0072
		(0.0320)		(0.0104)
resource		0.0384		0.0174 **
		(0.0442)		(0.0071)
instution		-1.3751		-1.0173 ***
		(1.3443)		(0.2777)
Constant	37.5763 ***	-52.0061 *	2.9078	-1.7517
	(0.9623)	(29.6840)	(5.4729)	(6.0570)
Region FE	YES	YES	YES	YES
Year FE	YES	YES	YES	YES
N	1632	1353	1679	1440

注：括号内为稳健性标准误，***、**、* 分别表示在1%、5%、10%的水平显著；Region FE 和 Year FE 分别表示区域固定效应和年度固定效应；YES 表示控制了该变量。

外经贸合作区能够通过降低东道国不确定性风险而促进中国对东道国的直接投资。其原因在于，东道国经济政策不确定性提高时，企业会面临更高的财务风险以及严重的信息不对称（臧秦和蔡莉，2023）。最终，东道国不确定性上升将增加企业投资的成本，使企业的投资决策更趋于谨慎，降低企业的投资意愿（Bloom 等，2007）。导致金融市场上金融摩擦程度增加，企业融资成本上升以及增加企业风险管理的风险规避行为（Panousi 和 Papanikolaou，2012），而境外经贸合作区通过利用中国与东道国之间良好的外交关系，更加灵活地运用双边政治关系和优惠政策以特区的形式有效保护投资者的权益，从而降低中国企业在东道国进行直接投资的风险。

3. 境外经贸合作区与民心相通

为了检验中国境外经贸合作区设立能否通过促进双边民心相通而促进中国对东道国直接投资，本研究以中国每年在东道国设立的孔子学院和孔子课堂的数量来衡量双边间的民心相通水平（$confucius$），并构建中国境外经贸合作区与双边民心相通的交互项（$TC\_confucius$）。估计结果如表 6-9 第（3）列和第（4）列所示。其中第（3）列只加入了引力模型的基本控制变量，第（4）列加入了模型中的所有控制变量。

表 6-9 第（3）列和第（4）列估计结果显示，双边间的民心相通以及中国境外经贸合作区与民心相通交互项的系数均显著为正，表明双边民心相通通过加强中国与东道国的文化交流与人员友好往来，使东道国更加了解中国的产品，以及中国更加熟悉东道国本地的市场需求，从而促进中国对东道国的直接投资。鉴于新制度经济学的制度演化理论，"民心相通"属于第一层次的非正式制度，境外经贸合作区作为东道国替代性制度的安排，是中国与东道国双边间"政策沟通"的成功范例，属于第三、第四层次制度。更底层制度是高层制度赖以存在的基础，低层级制度与高层级制度是互补的关系，因此，境外经贸合作区与民心相通呈现互补关系。境外经贸合作区的设立能够促进双边的民心相通，进而进一步促进了对外直接投资。

4. 境外经贸合作区与资金融通

为了检验境外经贸合作区能否通过弥补东道国金融发展不足而缓解融

第六章 境外经贸合作区与贸易畅通的实证检验：跨国层面的证据

资约束来促进中国对外直接投资，本研究分别从东道国金融市场稳定性、金融发展效率、银行系统规模和金融发展深度等五个方面构建了东道国金融发展的指标，并构建中国境外经贸合作区与其交互项。参照 De Nicolo (2000) 的做法，本研究用 Z 值（Z-score）来表示金融市场的稳定性（f_stable），该值越大，说明金融市场越稳定；采用银行成本—收入的比重来衡量金融发展效率（$f\_efficience$），该值越大，表明银行经营成本越高；采用储蓄货币银行资产占中央银行和其他商业银行总资产的比重（f_size）来衡量银行系统规模，该指标值越大，表明银行系统规模越大；分别采用私人部门信贷占国内生产总值的比重（f_depth1）和投资组合债务资产占国内生产总值的比重（f_depth2）衡量金融发展深度，这两个指标值越大，则说明金融市场越深度化（King 和 Levine，1993；蒋冠宏和张馨月，2016）。实证估计结果如表 6-10 所示。

表 6-10　境外经贸合作区、融资约束与中国对外直接投资

模型 变量	(1) $lnofdi\_f$	(2) $lnofdi\_f$	(3) $lnofdi\_f$	(4) $lnofdi\_f$	(5) $lnofdi\_f$
TC	2.3698***	1.1871**	2.3679***	2.5550***	3.7178***
	(0.6597)	(0.5460)	(0.6284)	(0.9860)	(0.8350)
$TC\_fstable$	0.0556				
	(0.0600)				
f_stable	0.2593***				
	(0.0984)				
$TC\_feffcience$		0.0465***			
		(0.0131)			
$f\_efficience$		-0.0462**			
		(0.0219)			
TC_fsize			0.0120		
			(0.0090)		
f_size			0.0210		
			(0.0142)		

续表

模型 变量	(1) lnofdi_f	(2) lnofdi_f	(3) lnofdi_f	(4) lnofdi_f	(5) lnofdi_f
TC_depth2					0.0265
					(0.0194)
f_depth2					0.0197*
					(0.0117)
TC_depth1				0.0111	
				(0.0139)	
f_depth1				0.0218*	
				(0.0119)	
lndist	-4.3433	-3.8435	-4.2809	-4.3316*	0.7839
	(3.2785)	(3.3782)	(3.3957)	(2.4964)	(1.7752)
lngdp	5.0221***	4.5038***	4.7759***	4.8046***	5.2220***
	(0.6385)	(0.6358)	(0.5316)	(0.4832)	(0.6496)
lnpgdp	1.9045*	2.3938**	1.8991*	1.8713*	-1.2848
	(1.1096)	(1.1822)	(1.0713)	(0.9883)	(1.2005)
BIT	-1.9571*	-1.7328	-1.8696*	-1.8762*	-0.6416
	(1.1518)	(1.1521)	(1.0309)	(1.1286)	(1.2552)
fdi	-0.0381	-0.0546*	-0.0320	-0.0322	-0.0932***
	(0.0340)	(0.0331)	(0.0334)	(0.0283)	(0.0359)
resource	0.0783***	0.0571**	0.0577*	0.0566**	0.0637*
	(0.0296)	(0.0250)	(0.0329)	(0.0286)	(0.0380)
instution	-2.9883**	-2.8157**	-3.1777**	-3.1778***	-2.1035
	(1.4315)	(1.4323)	(1.3818)	(1.1806)	(1.4643)
Constant	-77.5370***	-65.5887**	-69.2872**	-69.3152***	-1.0e+02***
	(29.8184)	(31.0988)	(31.5293)	(23.4345)	(22.0556)
Region FE	YES	YES	YES	YES	YES
Year FE	YES	YES	YES	YES	YES
N	1792	1768	1897	1897	1359

注：括号内为稳健性标准误，***、**、*分别表示在1%、5%、10%的水平显著；Region FE 和 Year FE 分别表示区域固定效应和年度固定效应；YES 表示控制了该变量。

表 6-10 研究结果显示，东道国金融市场稳定性系数为正，表明东道国金融市场稳定性对中国对外直接投资具有正向促进作用。境外经贸合作区与东道国金融市场稳定性交互项的系数显著为正，表明中国境外经贸合作区与东道国金融市场稳定性呈现互补关系；境外经贸合作区内的企业形成的产业集聚效应通过缓解企业融资约束而对东道国市场形成一种补充作用。东道国银行经营成本的系数显著为负，中国境外经贸合作区与东道国银行经营成本交互项的系数显著为正，表明东道国的金融发展效率对中国对外直接投资具有显著的促进作用，境外经贸合作区与东道国的金融发展效率呈现互补关系。东道国金融发展深度的估计系数显著为正，中国境外经贸合作区与东道国金融发展深度交互项的估计系数为正，表明东道国金融发展深度对中国对外直接投资具有显著的促进作用，境外经贸合作区与东道国金融发展深度呈现一定程度的互补关系。

总而言之，中国在东道国所建立的境外经贸合作区通过形成产业集群，为园区内企业提供相互担保融资的平台，对东道国金融市场发展起到一定程度上的补充作用，进而缓解企业融资约束，促进中国对东道国的直接投资。

（四）稳健性检验

1. 内生性检验

前面将境外经贸合作区变量滞后一期，在一定程度上缓解了中国境外经贸合作区与对外直接投资之间可能存在的反向因果关系而造成的内生性问题。但模型中还可能由于存在同时影响境外经贸合作区和对外直接投资的遗漏变量而造成模型的内生性问题。为此，本书将尝试采用中国和东道国是否为战略伙伴关系以及中国和东道国建立外交关系的年限长度作为工具变量，以解决上述模型内生性问题。估计结果如表 6-11 第（1）—（4）列所示。其中，第（1）列和第（2）列外交关系为工具变量，第（3）列和第（4）列战略伙伴关系为工具变量。

表6-11 内生性检验与替换被解释变量的稳健性检验

估计方法	外交关系Ⅳ		战略伙伴关系Ⅳ		被解释变量为OFDI存量	
模型	(1)	(2)	(3)	(4)	(5)	(6)
变量	lnofdi_f	lnofdi_f	lnofdi_f	lnofdi_f	lnofdi_s	lnofdi_s
TC	37.3634***	41.4317***	26.7917***	25.0815***	3.7788***	3.4401***
	(3.0489)	(4.1508)	(3.2596)	(3.3406)	(0.3189)	(0.3772)
lndist	-0.7770	3.1925	-2.2949	-2.1272	-3.9445*	-4.1114*
	(4.6377)	(12.9329)	(2.5775)	(2.7265)	(2.2120)	(2.4863)
lngdp	1.1467	0.4768	2.7520***	2.6775***	3.0715***	2.7298***
	(0.8122)	(2.2083)	(0.5100)	(0.5833)	(0.3297)	(0.3952)
lnpgdp		-6.0555**		1.0340		2.9991***
		(3.0791)		(1.0903)		(0.7166)
BIT		-0.3001		0.3370		-1.7443***
		(1.8598)		(1.2686)		(0.6403)
fdi		-0.0044		0.0116		-0.0347**
		(0.0435)		(0.0346)		(0.0156)
resource		0.0426		0.0509		0.0590***
		(0.0494)		(0.0330)		(0.0181)
instution		3.4494		0.8247		-2.5230***
		(2.3443)		(1.4425)		(0.8546)
Constant	0.9009	22.2159	-20.2390	-27.9783	0.1257	-12.9978
	(46.0739)	(128.6539)	(25.3799)	(28.4159)	(18.5995)	(22.3020)
First-F	57.80***	36.73***	45.60***	29.45***		
Region FE	YES	YES	YES	YES	YES	YES
Year FE	YES	YES	YES	YES	YES	YES
N	2480	2094	2480	2094	2333	1967

注：括号内为稳健性标准误，***、**、*分别表示在1%、5%、10%的水平显著；Region FE 和 Year FE 分别表示区域固定效应和年度固定效应；YES 表示控制了该变量。

有效的工具变量需满足外生性和相关性两个条件。首先，境外经贸合作区主要是由中国政府与政治外交关系比较好的国家签订投资合作协议而建立的产业园区；而且，方程第一阶段估计结果的 F 值均大于 10，表明不存在工具变量的弱识别问题。因此，相关性假设得到满足。而中国是否与东道国建立战略伙伴关系以及中国与东道国建立外交关系的时间长度与多种因素相关，与中国是否对东道国直接投资并不具有直接的关系，具有一定的外生性。

表 6-11 第（1）—（4）列的估计结果显示，无论是仅加入引力模型的基本控制变量，还是加入其他所有控制变量，境外经贸合作区的系数显著为正，表明即使克服了模型中可能存在的遗漏变量造成的内生性，境外经贸合作区依然对中国对外直接投资具有显著的促进作用。因此，本研究结果具有一定的稳健性。

此外，这里还分别利用工具变量和替换被解释变量的方法进行了分样本异质性检验。估计结果见附表 1、附表 2 和附表 3，估计结果也与前面一致。

2. 替换被解释变量

为了进一步检验估计结果的稳健性，本研究还采取了替换被解释变量的方法，将被解释变量中的对外直接投资流量替换为对外直接存量，重新检验境外经贸合作区的设立对中国对外直接投资的影响。估计结果如表 6-11 的第（5）列和第（6）列所示。研究结果表明，境外经贸合作区的系数显著为正，表明境外经贸合作区的设立确实促进了中国对东道国的对外直接投资。故本研究结论稳健。

三、结论与启示

本节基于 2003—2019 年中国境外经贸合作区和对外直接投资数据，构建贸易引力模型，实证检验了境外经贸合作区对中国对外直接投资的异质性影响。研究结果表明，境外经贸合作区通过依据两国之间良好的外交关系以及双边优惠政策，以及其自身形成的产业集群和东道国与之配套的基础设施建设的集聚效应，通过弥补东道国基础设施建设不足、降低东道国不确定性风险、促进双边民心相通、弥补东道国金融发展和缓解企业融约束等机制促进中国对外直接投资的发展。而且，境外经贸合作区对中国对外直接投资的促进作用在"一带一路"沿线国家和非"一带一路"国家、发达国家和发展中国家、RCEP 国家和非 RCEP 国家之间存在差异。即使采用工具变量克服模型中可能存在的内生性问题，以及采取替换被解释变量和解释变量等方法，上述实证结果依然稳健。

因此，上述结果验证了中国境外经贸合作区合作方式更加灵活，能够充分依托两国政府间的政治外交关系和配套的优惠政策，以"特区"的形式有效保护企业在经济和制度水平相对落后国家的投资安全，以及产业集聚效应等途径，缓解东道国政策不确定性和企业融资约束对中国企业对外直接投资的抑制作用，从而促进中国对东道国的直接投资，证实了境外经贸合作区起到了中国企业"走出去"的载体功能。

本节研究结论对新发展格局下中国实施更高水平对外开放，构建开放发展新格局，促进中国经济高质量发展具有一定的政策启示。

首先，在"逆全球化"的思潮愈演愈烈、单边保护主义不断蔓延、国际经贸摩擦加剧的背景下，新一代经贸规则的构建途径和模式逐渐从多边转到双边、区域或诸边（石静霞，2015）。境外经贸合作区作为中国在全球经贸治理中积极参与国际经贸新规则构建的一种新尝试，与新一代经贸规则相契合。与其他贸易和投资协定相比，境外经贸合作区合作方式更加灵活，能充分依托两国政府间的政治外交关系和配套的优惠政策，有效保护企业在经济和制度水平相对落后国家的投资安全；企业融资约束对中国企业对外直接投资有抑制作用，从而促进中国对东道国的直接投资，证实了境外经贸合作区起到了中国企业"走出去"的载体功能。目前，境外经贸合作区已显示出其独特的优势，有效发挥了中国企业"抱团出海"的重要载体和平台的作用，是中国企业合理抵御东道国风险、弥补东道国基础设建设不足以及完善东道国金融市场的重要途径。

因此，在全球复杂多变的环境下，企业对外投资所面临的不确定性因素更加错综复杂，以及中国企业"走出去"步伐放缓的背景下，中国应加强境外经贸合作区的建设，积极参与新一代国际经贸规则的构建，促进中国企业高质量"走出去"。自2006年中国正式提出建立境外经贸合作区以来，中国境外经贸合作区的建设取得了长足的发展，有效地推动了中国企业通过"走出去"利用国际市场进行资源配置。尽管如此，但现有境外经贸合作区还存在建设进展缓慢、园区规划不合理、产业定位不明确、重复建设、投资环境欠佳、融资难、劳资关系冲突、园区内企业入住率不高、科技研发型园区较少以及运营模式和发展不可持续等问题。中国政府应充分利用双边间的政治外交关系与配套的政策支持措施，加大对境外经贸合作区尤其是科技研发型园区建设的政策支持力度，使园区向更加多元化和高级化发展，将境外经贸合作区建设成为中国企业创新的重要支点。积极探索境外经贸合作区可持续发展的运营模式，发挥中国对外开放的载体作用。

其次，境外经贸合作区缓解了"一带一路"沿线经济和制度水平相对落后国家和地区政策不确定性和金融市场发展不完善对中国企业对外直接投资的抑制作用，已成为中国推进"一带一路"建设的有力抓手，在实现中国产业结构调整和优势产能输出的同时，助推了"一带一路"沿线国家和地区的可持续发展。

境外经贸合作区不仅与当今世界国际合作与经贸规则构建中的新趋势相契合，而且，也契合双边的利益诉求，体现了"一带一路"倡议中"共商、共建、共享"的根本原则，践行了"构建人类命运共同体"的新理念，可以最佳应对"一带一路"倡议所面临的挑战，促进"一带一路"合作与建设。在构建新发展格局背景下，中国应以境外经贸合作区为支点，持续推进"一带一路"建设，积极探索和推动未来国际经贸新规则的构建，共同构建"人类命运共同体"。

相关实验结果见表6-12至表6-14。

表 6-12　境外经贸合作区与中国对外直接投资：Ⅳ 为中国与东道国建立外交关系年限

样本	belt_road	nbelt_road	all	developed	developing	all	rcep	nrcep	all
模型	(1)	(2)	(3)	(4)	(5)	(6)	(7)	(8)	(9)
变量	lnofdi_f	lnofd_f	lnofd_f	lnofd_f	lnofd_f	lnofd_f	lnofd_f	lnofd_f	lnofd_f
TC	50.8942***	29.3125***	67.6189***	54.9890***	29.4379***	45.1542***	12.8117***	44.8450***	47.6880***
	(7.5961)	(4.0392)	(7.3417)	(8.8766)	(3.7659)	(4.7993)	(1.9164)	(4.8182)	(4.8900)
lndist	1.2908	-4.3946	1.1234	4.9579	-4.7298	-2.1405	-1.2875	0.8485	0.7027
	(4.3028)	(4.4178)	(5.4894)	(18.9142)	(10.3104)	(4.6663)	(1.4532)	(11.8485)	(9.2671)
lngdp	-1.2636	3.1495***	2.8875***	10.0769**	1.7698	0.3341	1.8645***	0.5342	0.3707
	(1.3187)	(0.7428)	(1.0167)	(5.0705)	(1.6901)	(1.0383)	(0.4728)	(1.9309)	(1.8351)
broad			-63.0565***						
			(7.2894)						
lnpgdp	-0.3245	0.8678	1.0474	-3.0949	-2.2990	-1.4209	-5.4204***	-3.1747	-3.7119
	(1.9834)	(1.5983)	(1.8921)	(9.2578)	(2.4049)	(1.7657)	(1.6028)	(2.8450)	(2.6717)
BIT	3.2239	0.4806	2.7250	-3.3409	-0.1047	1.9666	-0.8515	0.9256	1.2001
	(2.4146)	(1.9245)	(1.9650)	(4.8254)	(1.7208)	(1.7560)	(2.4798)	(1.9423)	(1.9338)
fdi	-0.0794	0.0673	0.0646	0.0450	0.0026	-0.0188	-0.0239	0.0118	0.0158
	(0.0805)	(0.0470)	(0.0490)	(0.0638)	(0.0560)	(0.0443)	(0.2095)	(0.0459)	(0.0456)
resource	0.0620	-0.0224	0.0202	0.3034	0.0295	0.0279	0.1166**	0.0409	0.0424
	(0.0591)	(0.0527)	(0.0504)	(0.2639)	(0.0421)	(0.0453)	(0.0482)	(0.0525)	(0.0507)
instution	4.8325*	0.4581	-1.9864	8.9141	1.2985	1.4136	10.3444***	3.4525	4.3835*
	(2.6646)	(2.2054)	(2.1081)	(8.1509)	(2.0377)	(2.0058)	(2.8606)	(2.4799)	(2.4035)

续表

样本	belt_road	nbelt_road	all	developed	developing	all	rcep	nrcep	all
模型	(1)	(2)	(3)	(4)	(5)	(6)	(7)	(8)	(9)
变量	lnofdi_f	lnofd_f	lnofd_f	lnofd_f	lnofd_f	lnofd_f	lnofd_f	lnofd_f	lnofd_f
belt_road			9.2882*** (3.5309)						
developed						16.1138*** (5.9603)			
dtc						-37.0883*** (5.2839)			
rcep									7.5107 (15.4710)
drcep									-41.0170*** (5.2508)
Constant	37.4607 (50.5119)	-16.3766 (43.9646)	-69.7273 (54.9821)	-2.8e+02 (222.9394)	40.5469 (105.1964)	39.5388 (51.5786)	37.6421 (24.3766)	20.9569 (115.6928)	29.6832 (94.4866)
Region FE	YES	YES	YES	YES	YES	YES	YES	YES	YES
Year FE	YES	YES	YES	YES	YES	YES	YES	YES	YES
N	1153	941	2094	526	1552	2078	194	1900	2094

注：括号内为稳健性标准误，***、**、*分别表示在1%、5%、10%的水平显著；Region FE 和 Year FE 分别表示区域固定效应和年度固定效应；YES 表示控制了该变量。belt_road 和 nbelt_road 分别为"一带一路"沿线国家和地区的样本以及非"一带一路"沿线国家和地区的样本；developed 和 developing 分别为发达国家和地区以及发展中国家和地区的样本；rcep 和 nrcep 分别为 RCEP 国家和地区样本以及非 RCEP 国家和地区样本；all 为加入交互项的全样本。

表 6-13　境外经贸合作区与中国对外直接投资：IV 为中国与东道国是否为伙伴关系

样本	belt_road	nbelt_road	all	developed	developing	all	rcep	nrcep	all
模型	(1)	(2)	(3)	(4)	(5)	(6)	(7)	(8)	(9)
变量	$lnofd\_f$	$lnofd\_f$	$lnofd\_f$	$lnofd\_f$	$lnofd\_f$	$lnofd\_f$	$lnofd\_f$	$lnofd\_f$	$lnofd\_f$
TC	32.0958***	17.8731***	49.6844***	99.9678	19.3678***	24.9075***	19.3782***	26.0752***	28.0646***
	(5.4742)	(3.6882)	(7.8801)	(68.5787)	(3.2190)	(3.6243)	(5.5611)	(3.9170)	(3.9594)
lndist	0.6284	−6.3816	−1.2179	2.6071	−5.7140	−2.4081	−1.6541	−4.3920	−2.3486
	(3.2213)	(3.8778)	(2.8830)	(8.6420)	(3.8145)	(2.8280)	(1.6646)	(3.9319)	(3.0000)
lngdp	0.9930	3.9054***	3.1018***	2.4159	2.9587***	2.8155***	1.7173***	3.1902***	2.9448***
	(0.9642)	(0.6540)	(0.5773)	(3.4265)	(0.7484)	(0.6516)	(0.5347)	(0.7331)	(0.6795)
broad			−45.3746***						
			(7.7781)						
lnpgdp	0.8376	1.5871	2.3899**	−7.0821	1.2201	1.5199	−6.6269***	1.2781	0.6024
	(1.4870)	(1.3841)	(1.1319)	(18.2088)	(1.2016)	(1.1287)	(2.2240)	(1.2788)	(1.1938)
BIT	2.2639	−1.1158	1.8688	−1.8183	−0.1015	0.3361	−1.4244	0.4088	0.4310
	(1.8346)	(1.6466)	(1.5153)	(7.2632)	(1.3441)	(1.2757)	(2.8204)	(1.3733)	(1.3434)
fdi	−0.0520	0.0452	0.0580	0.1278	0.0259	−0.0036	−0.3761	0.0117	0.0154
	(0.0620)	(0.0396)	(0.0413)	(0.1472)	(0.0482)	(0.0337)	(0.3803)	(0.0358)	(0.0352)
resource	0.0832*	−0.0007	0.0514	0.2008	0.0436	0.0508	0.1085*	0.0444	0.0480
	(0.0448)	(0.0448)	(0.0373)	(0.3670)	(0.0329)	(0.0327)	(0.0570)	(0.0359)	(0.0343)
instution	1.2688	−1.1563	−1.5536	19.7691	−0.0885	−0.2578	13.7674***	0.4304	0.9882
	(1.9836)	(1.8945)	(1.4576)	(22.5037)	(1.4687)	(1.4083)	(4.5354)	(1.5682)	(1.5224)

续表

样本	belt_road	nbelt_road	all	developed	developing	all	rcep	nrcep	all
模型	(1)	(2)	(3)	(4)	(5)	(6)	(7)	(8)	(9)
变量	$lnofd\_f$	$lnofd\_f$	$lnofd\_f$	$lnofd\_f$	$lnofd\_f$	$lnofd\_f$	$lnofd\_f$	$lnofd\_f$	$lnofd\_f$
belt_road			6.4770*** (2.1880)						
developed						1.9793 (3.7310)			
dtc						-17.4925*** (3.9963)			-2.4353 (5.2335)
rcep									-22.4385*** (4.3829)
drcep									
Constant	-15.3364 (37.4553)	-19.0259 (38.4007)	-59.6387** (29.1612)	-7.0331 (243.3443)	-1.6357 (40.3511)	-32.5616 (31.4819)	52.8211* (31.7324)	-20.8897 (38.7441)	-29.5759 (31.7386)
Region FE	YES	YES	YES	YES	YES	YES	YES	YES	YES
Year FE	YES	YES	YES	YES	YES	YES	YES	YES	YES
N	1153	941	2094	526	1552	2078	194	1900	2094

注：括号内为稳健性标准误，***、**、*分别表示在1%、5%、10%的水平显著；Region FE和Year FE分别表示区域固定效应和年度固定效应；YES表示控制了该变量。belt_road和nbelt_road分别为"一带一路"沿线国家和地区的样本以及非"一带一路"沿线国家和地区的样本；developed和developing分别为发达国家和地区以及发展中国家和地区的样本；rcep和nrcep分别为RCEP国家和地区样本以及非RCEP国家和地区样本；all为加入交互项的全样本。

表 6-14　境外经贸合作区与中国对外直接投资：被解释变量为中国对外直接投资存量

样本	belt_road	nbelt_road	all	developed	developing	all	rcep	nrcep	all
模型	(1)	(2)	(3)	(4)	(5)	(6)	(7)	(8)	(9)
变量	lnofdi_s	lnofd_s	lnofd_s	lnofd_s	lnofd_s	lnofd_s	lnofd_s	lnofd_s	lnofd_s
TC	3.0063***	4.0198***	3.6440***	3.6826***	2.7287***	2.7223***	3.9188***	3.2746***	3.3136***
	(0.6243)	(0.6497)	(0.5689)	(1.3310)	(0.4407)	(0.4778)	(0.4524)	(0.5214)	(0.4856)
lndist	-0.2573	-11.1261***	-4.3302**	3.2228*	-5.7563***	-2.7547*	-0.1559	-7.2944***	-3.9961**
	(1.2771)	(3.1302)	(1.5501)	(1.7147)	(2.1477)	(1.5804)	(1.0773)	(1.9976)	(1.5533)
lngdp	2.0102***	3.6662***	2.7637***	2.5625***	3.3480***	3.1344***	1.7876***	3.0614***	2.9709***
	(0.2953)	(0.4934)	(0.2831)	(0.5160)	(0.3337)	(0.2929)	(0.3653)	(0.3169)	(0.2986)
broad			-0.4627						
			(0.7784)						
lnpgdp	2.0165***	2.6985***	2.9859***	6.6700***	3.7443***	3.7022***	-0.4198	2.9770***	2.7874***
	(0.6037)	(1.0447)	(0.6019)	(1.8692)	(0.6371)	(0.6057)	(0.9464)	(0.6568)	(0.6124)
BIT	-1.0659	-2.4941**	-1.6309**	-3.7058*	-1.4395**	-1.9308***	-1.0786	-1.8094**	-1.9113***
	(0.7979)	(1.0581)	(0.7011)	(1.9471)	(0.6982)	(0.6855)	(1.7871)	(0.7298)	(0.6999)
fdi	-0.0553**	-0.0160	-0.0339*	-0.0408	-0.0151	-0.0325*	0.3185***	-0.0389**	-0.0366**
	(0.0274)	(0.0247)	(0.0183)	(0.0294)	(0.0242)	(0.0178)	(0.0960)	(0.0191)	(0.0183)
resource	0.0633***	0.0437	0.0576***	-0.2088**	0.0588***	0.0615***	0.0772***	0.0540***	0.0568***
	(0.0187)	(0.0286)	(0.0178)	(0.0820)	(0.0166)	(0.0175)	(0.0288)	(0.0189)	(0.0178)
instution	-2.6885***	-2.1131	-2.4829***	-5.0402**	-1.1022	-1.6069**	1.5131	-2.3638***	-2.3777***
	(0.7293)	(1.3333)	(0.7341)	(2.1640)	(0.7717)	(0.7671)	(1.5429)	(0.7694)	(0.7351)

续表

样本	belt_road	nbelt_road	all	developed	developing	all	rcep	nrcep	all
模型	(1)	(2)	(3)	(4)	(5)	(6)	(7)	(8)	(9)
变量	lnofdi_s	lnofd_s	lnofd_s	lnofd_s	lnofd_s	lnofd_s	lnofd_s	lnofd_s	lnofd_s
belt_road			1.2663 (0.9651)						
developed						-8.9701*** (1.7417)			
dtc						2.4661** (1.1000)			
rcep									-6.6046** (2.6190)
drcep									0.9702 (1.2084)
Constant	-25.5189* (13.8121)	34.9708 (31.2247)	-12.5939 (15.8912)	-1.2e+02*** (24.2297)	-16.6442 (21.8642)	-39.2171** (16.6678)		9.3778 (19.9068)	-17.8947 (16.1010)
Region FE	YES	YES	YES	YES	YES	YES	YES	YES	YES
Year FE	YES	YES	YES	YES	YES	YES	YES	YES	YES
N	1082	885	1967	495	1457	1952	183	1784	1967

注：括号内为稳健性标准误，***、**、* 分别表示在1%、5%、10%的水平显著；Region FE 和 Year FE 分别表示区域固定效应和年度固定效应；YES 表示控制了该变量。belt_road 和 nbelt_road 分别为"一带一路"沿线国家和地区样本以及非"一带一路"沿线国家和地区的样本；developed 和 developing 分别为发达国家和地区以及发展中国家和地区的样本；rcep 和 nrcep 分别为 RCEP 国家和地区样本以及非 RCEP 国家和地区样本；all 为加入交互项的全样本。

第二节　境外经贸合作区与贸易畅通：
中国实际利用外商直接投资

改革开放以来，随着中国对外开放程度不断提高，加之稳定的社会环境和低廉的生产成本，利用外资规模逐步扩大，外资逐步成为中国经济发展的重要因素，在推动产业升级、增加税收、促进就业等方面发挥了重要作用。但近年来随着农村剩余劳动人口的持续转移和人口年龄结构的改变，以及最低工资制度、社会保障制度等劳动保护制度的日臻完善，劳动力成本快速上涨。随着人口红利的消退，刘易斯拐点开始出现（蔡昉，2010），中国劳动力成本优势正逐渐消失。富士康、阿迪达斯、歌乐、三星等不少跨国企业已陆续开始向印度、越南等生产成本更低的东南亚国家转移。同时，随着全球经济增长动能不足、欧美国家再工业化战略推进、"逆全球化"思潮加剧，我国实际外资流入增速开始面临大幅下降。2016年中国外商直接投资额首次出现负增长，尤其是制造业利用外资年均降速高达4.3%。当前全球产业链加速重构，出现区域化、内链化趋势，原有的全球产业链平衡被打破，大大加剧了对于"断链""脱钩"和"去中国化"的担忧。如何保持、增加产业链的"黏性"成为"稳外资"工作的核心要义。为提升对外资的吸引力，国务院等部门连续发布了多个关于积极利用外资的文件，2023年政府工作报告明确提出"更大力度吸引和利用外资"。

境外经贸合作区作为中国在探索中形成的经贸合作新方式，与其他贸易投资协定相比，能够更灵活地运用双边外交关系，促进中国与东道国的贸易投资往来。因此，在中国实际利用外商直接投资下降的背景下，研究境外经贸合作区对中国高质量利用外资的影响，对于中国贸易强国建设和经济高质量发展具有重要意义。

本节在前文境外经贸合作区影响贸易畅通理论分析的基础上，基于2003—2019年中国境外经贸合作区数据和实际利用外商直接投资数据，构建面板数据模型，实证检验境外经贸合作区对中国实际利用外商直接投资的异质性影响。

一、研究设计

（一）模型构建与变量说明

自 Tinbergen（1962）将万有引力模型引入国际贸易研究领域以来，引力方程逐渐被广泛应用于国际贸易、经济增长和跨国投资等经济学领域。参照 Helpman 等（2008）的研究，本节模型设定如式 6-2 所示。

$$\ln FDI_{it} = \alpha + \beta_1 TC_{i,t-1} + \beta_2 lndist + \beta_3 lngdp + \theta X_{it} + \lambda_t + \delta_j + \varepsilon_{it}$$

（式 6-2）

其中，下标 i 和 t 分别为东道国和年度；$TC_{i,t-1}$ 为本研究核心解释变量境外经贸合作区，以中国 $t-1$ 年在东道国是否建立境外经贸合作区来衡量；$\ln FDI_{it}$ 为本研究的被解释变量，即中国第 t 年实际利用 i 国的外商直接投资额。并参照 Razin 和 Sadka（2007）、Busse 和 Hefeker（2007）的研究，将中国实际利用外商直接投资的缺失值替换为零，以及利用公式 $y = \ln(x + \sqrt{x^2 + 1})$ 进行转换。由于本研究控制了年度固定效应，中国每年的国内生产总值对于东道国而言相同，在年份上的差异被年份固定效应所控制，故略去中国国内生产总值的变量。除了控制了引力模型中的双边地理距离（$lndist$）和东道国国内生产总值（$lngdp$），参照已有研究，这里还控制了其他影响中国实际利用外商直接投资的变量（X_{it}），主要包括双边投资协定、东道国资源丰裕度、东道国人均国内生产总值、东道国开放水平、东道国制度水平（李嘉楠等，2016）。δ_j 为东亚与太平洋、欧洲与中亚、拉丁美洲与加勒比海、中东与北非、北美、南亚、撒哈拉沙漠以南的非洲等洲别固定效应；λ_t 为年度固定效应，以控制宏观经济波动对中国实际利用外商直接投资的影响；α 代表常数项，ε_{it} 为随机误差项。为了消除通胀因素的影响；模型中所有绝对变量均以 2010 年为基期的美元 GDP 平减指数进行了价格平减。

（二）样本区间和数据来源

自 2020 年起，世界经济受到新冠疫情冲击，经济发展所面临的不确定性大幅增加,为排除其他因素的干扰,以及与前面中国对外直接投资的数据相对应,本章样本选择设定为2003—2019年的158个国家和地区。主要数据来源:除了中国实际利用外商直接投资的数据来自历年《中国统计年鉴》,其他数据来源与第一节相同。本章主要变量的描述性统计如表6-15所示。

表6-15 主要变量定义和描述性统计

变量	变量含义	样本量	均值	标准差	最小值	最大值
lnfdi	中国实际利用外商直接投资额	2486	3.0533	8.1920	-5.4563	26.7102
lnfdi_h	中国合同利用外商直接投资项目数	2686	-2.1114	3.8775	-5.4563	15.7496
tc	中国在东道国是否建立境外经贸合作区	2686	0.1701	0.3758	0	1
lndist	双边地理距离	2601	8.9292	0.5748	6.6965	9.8677
lngdp	东道国国内生产总值水平	2564	24.6206	2.1427	19.0248	30.5365
lnpgdp	东道国人均国内生产总值水平	2598	8.5215	1.5288	5.2723	11.6260
BIT	双边投资协定	2686	0.3868	0.4871	0	1
fdi	东道国FDI占国内生产总值比重	2486	4.6563	7.6689	-58.3229	86.5891
resource	东道国矿石和金属出口占总出口比重	2174	9.1064	15.1032	0.0000	86.4196
institution	东道国制度水平	2601	-0.0727	0.9297	-2.0002	1.9696
confucius	东道国孔子学院和孔子课堂数量	2659	5.0741	33.9061	0	644
partnership	中国与东道国是否建立伙伴关系	2680	0.3931	0.4885	0	1

二、实证结果分析

本节将分别从基准检验、机制检验、异质性检验、内生性检验和替换被解释变量稳健性等方面,实证检验境外经贸合作区对中国实际利用外商直接投资的异质性影响。

(一)基准检验与机制检验

表6-16第(1)列和第(2)列为本章的基本估计结果,第(3)列和第(4)列为本章境外经贸合作区对中国实际利用外商直接投资影响机制检验的基本估计结果。为确保估计结果的稳健性,本章在模型估计时首先仅加入了引力模型的基本控制变量,然后,再加入其他控制变量。

表 6-16　境外经贸合作区与中国实际利用外商直接投资：基准检验与机制检验

方法	基准检验		机制检验	
模型	(1)	(2)	(3)	(4)
变量	lnfdi	lnfdi	lnfdi	lnfdi
TC	-0.5605*	1.1067***	-0.8676**	0.6257*
	(0.2989)	(0.3203)	(0.3368)	(0.3625)
lndist	-0.7184**	-2.1373***	-0.7100**	-2.1058***
	(0.3542)	(0.3217)	(0.3564)	(0.3218)
lngdp	2.7236***	12.2998***	2.7064***	11.8993***
	(0.0559)	(3.2318)	(0.0575)	(3.2184)
lnpgdp		-9.3278***		-8.9656***
		(3.2620)		(3.2486)
BIT		1.3739***		1.3575***
		(0.2774)		(0.2767)
fdi		0.0711***		0.0740***
		(0.0147)		(0.0148)
resource		0.0014		0.0023
		(0.0077)		(0.0076)
lnpop		-9.9628***		-9.5964***
		(3.2468)		(3.2329)
institution		1.9763***		2.0101***
		(0.2547)		(0.2537)
TC_confucius			0.0542***	0.0844***
			(0.0187)	(0.0162)
confucius			0.0022	0.0021*
			(0.0015)	(0.0012)
Constant	-51.0675***	-36.6404***	-50.7632***	-36.0702***
	(3.1873)	(3.4657)	(3.1935)	(3.4562)
Region FE	YES	YES	YES	YES
Year FE	YES	YES	YES	YES
N	2333	1767	2315	1767

注：括号内为稳健性标准误，***、**、*分别表示在1%、5%、10%的水平显著；Region FE 和 Year FE 分别表示区域固定效应和年度固定效应；YES 表示控制了该变量。

表6-16的估计结果表明,当加入模型中影响中国实际利用外商直接投资的所有控制变量之后,中国在东道国所建立的境外经贸合作区以及孔子学院和孔子课堂的估计系数显著为正,中国在东道国所建立的境外经贸合作区与孔子学院和孔子课堂交互项的估计系数均显著为正。这表明中国在东道国所建立的境外经贸合作区与双边间的民心相通呈现互补关系,中国境外经贸合作区通过加强双边之间的民心相通,促进了东道国对中国的直接投资。

(二) 异质性检验

为考察境外经贸合作区对中国实际利用外商直接投资的异质性影响,本章分别从发达国家和发展中国家、"一带一路"沿线国家和其他国家、RCEP 国家和其他国家等角度,进行了分样本异质性检验。

1. 基于"一带一路"沿线国家和非"一带一路"沿线国家的考察

表6-17分别报告了中国在"一带一路"沿线国家和其他国家建立的境外经贸合作区对中国实际利用外商直接投资异质性影响的估计结果。其中,第(1)列和第(2)列为"一带一路"沿线国家和地区的样本,第(3)列和第(4)列为非"一带一路"沿线国家和地区的样本①。

表6-17　　境外经贸合作区与中国实际利用外商直接投资:
"一带一路"沿线国家和其他国家

样本	"一带一路"沿线国家和地区		其他国家	
模型	(1)	(2)	(3)	(4)
变量	$lnfdi$	$lnfdi$	$lnfdi$	$lnfdi$
TC	0.0095	-0.0379	1.1881	1.4410***
	(0.4993)	(0.5796)	(0.7266)	(0.5557)
$lndist$	-0.2393	-0.9838	-4.2296	-6.3308***
	(1.3031)	(1.1480)	(2.8277)	(2.1682)

---

① 关于"一带一路"沿线国家和地区的界定来自中国"一带一路"官网中与中国签订"一带一路"合作文件的国家和地区。

续表

样本	"一带一路"沿线国家和地区		其他国家	
模型	(1)	(2)	(3)	(4)
变量	lnfdi	lnfdi	lnfdi	lnfdi
lngdp	2.3810***	6.6759	2.4456***	19.0994
	(0.2258)	(5.1386)	(0.3737)	(12.0079)
lnpgdp		-4.1312		-16.0159
		(5.2508)		(12.0210)
BIT		-1.1819		-0.2044
		(0.9491)		(0.5687)
fdi		0.0051		0.0393*
		(0.0151)		(0.0227)
resource		-0.0333**		0.0296
		(0.0141)		(0.0234)
lnpop		-4.4853		-17.0608
		(5.1459)		(12.0269)
institution		1.1696*		-2.0850
		(0.6897)		(1.6055)
Constant	-47.9482***	-39.4978***	-12.5400	6.4305
	(11.1733)	(11.7167)	(26.8498)	(19.1394)
Region FE	YES	YES	YES	YES
Year FE	YES	YES	YES	YES
N	1687	1263	646	504

注：括号内为稳健性标准误，***、**、*分别表示在1%、5%、10%的水平显著；Region FE 和 Year FE 分别表示区域固定效应和年度固定效应；YES 表示控制了该变量。

表6-17估计结果显示，当模型中加入所有控制变量之后，中国在东道国所建立的境外经贸合作区主要促进了非"一带一路"沿线国家和地区对中国的外商直接投资。其原因可能在于：根据 Dunning（1977）的国际生产折衷理论，企业只有具备所有权优势（O）、区位优势（L）、内部化优势（I）等国家优势和企业优势时，才会开展跨国直接投资行为。然而，"一带一路"沿线国家主要属于经济发展较为落后的发展中国家和欠发达

国家，大多数企业尚不具备开展跨国直接投资的国际化行为。

2. 基于发达国家和发展中国家的考察

表 6 – 18 分别报告了中国在发达国家和发展中国家建立的境外经贸合作区对中国实际利用外商直接投资异质性影响的估计结果。其中，第（1）列和第（2）列为发达国家的样本，第（3）列和第（4）列为发展中国家样本。关于国家发展水平的分类，本章遵循国际货币基金组织（IMF）关于国家的分类标准。

表 6 – 18　　境外经贸合作区与中国实际利用外商直接投资：
发达国家和发展中国家

样本	发达国家		发展中国家	
模型	（1）	（2）	（3）	（4）
变量	$lnfdi$	$lnfdi$	$lnfdi$	$lnfdi$
TC	0.7967 **	1.0409 ***	0.1583	0.2475
	(0.3681)	(0.3959)	(0.5039)	(0.5465)
$lndist$	– 0.7526	– 1.6045	– 3.1227	– 3.2491 *
	(0.8745)	(1.0112)	(1.9267)	(1.8571)
$lngdp$	3.0111 ***	– 21.1498	2.1293 ***	1.9329 ***
	(0.4022)	(83.9018)	(0.2121)	(0.2661)
$lnpgdp$		26.9085		0.6994
		(84.3788)		(0.5733)
BIT		0.8753 ***		– 0.8487
		(0.2586)		(0.7444)
fdi		0.0179 *		0.0175
		(0.0096)		(0.0232)
resource		– 0.0487		– 0.0184
		(0.0413)		(0.0133)
institution		0.9780		0.8374
		(1.2501)		(0.6689)
$lnpop$		23.6497		
		(83.7983)		

续表

样本	发达国家		发展中国家	
模型	（1）	（2）	（3）	（4）
变量	lnfdi	lnfdi	lnfdi	lnfdi
Constant	-59.9967***	-73.8431***	-17.2416	-16.5119
	(14.8245)	(14.7762)	(16.9396)	(16.5338)
Region FE	YES	YES	YES	YES
Year FE	YES	YES	YES	YES
N	496	434	1821	1457

注：括号内为稳健性标准误，***、**、*分别表示在1%、5%、10%的水平显著；Region FE 和 Year FE 分别表示区域固定效应和年度固定效应；YES 表示控制了该变量。

表6-18估计结果显示，无论模型中仅加入引力模型中的基本控制变量，还是模型中加入所有控制变量，中国在东道国所建立的境外经贸合作区均主要促进了发达国家对中国的外商直接投资。其原因可能在于：一方面，基于垄断优势理论和国际生产折衷理论，发达国家的企业具备开展跨国直接投资的国家行为。另一方面，中国所拥有的较大市场规模和较为廉价的劳动力成本优势是吸引发达国家企业跨国直接投资的重要因素（桑百川，2019）。而且，中国为了积极吸引发达国家的外商直接投资，学习发达国家跨国公司的先进技术和管理经验，实施了诸多优惠政策。

3. 基于时间异质性的考察

由于2006年之后中国境外经贸合作区才正式进入了快速发展阶段，以及2005年之后中国劳动力成本明显上升（姚枝仲，2013），所以，为考察2006年前后境外经贸合作区对中国实际利用外商直接投资的异质性影响，本研究分别基于2003—2005年和2006—2019年的样本进行了实证检验。估计结果如表6-19所示，其中，第（1）列和第（2）列为2003—2005年的样本，第（3）列和第（4）列为2006—2019年的样本。

表6-19的估计结果显示，无论是仅加入引力模型的基本控制变量，还是加入模型中的所有控制变量，中国在东道国所建立的境外经贸合作区主要促进了2003—2005年东道国对中国的外商直接投资。2006年后，境

表6-19 境外经贸合作区与中国实际利用外商直接投资：时间异质性

样本区间	2003—2005年		2006—2019年	
模型	(1)	(2)	(3)	(4)
变量	lnfdi	lnfdi	lnfdi	lnfdi
TC	5.3539*	4.2585***	0.1059	0.5401
	(3.1701)	(1.3243)	(0.5023)	(0.4908)
lndist	-0.6305	-2.0168	-0.5941	-2.1154**
	(1.2237)	(1.3360)	(1.2834)	(1.0337)
lngdp	2.7135***	13.2617*	2.5829***	2.0842***
	(0.1983)	(7.3947)	(0.1679)	(0.2155)
lnpgdp		-10.7622		1.2491**
		(7.6829)		(0.5504)
BIT		0.0985		0.0819
		(0.9365)		(0.7555)
fdi		0.0252		0.0147
		(0.0415)		(0.0106)
resource		0.0332		-0.0236
		(0.0244)		(0.0144)
institution		2.1824**		1.4626**
		(0.9511)		(0.6386)
lnpop		-10.8625		
		(7.4206)		
Constant	-51.5987***	-34.0472**	-48.6282***	-35.1748***
	(10.6680)	(13.6837)	(11.2137)	(10.0628)
Region FE	YES	YES	YES	YES
Year FE	YES	YES	YES	YES
N	294	249	1892	1596

注：括号内为稳健性标准误，***、**、*分别表示在1%、5%、10%的水平显著；Region FE 和 Year FE 分别表示区域固定效应和年度固定效应；YES 表示控制了该变量。

外经贸合作区对中国实际利用外商直接投资的正向促进作用不显著。其原因可能在于：一方面，很多企业到中国进行直接投资主要是利用中国的劳动力成本优势，然而2005年之后中国劳动力成本明显上涨，中国不再是很多发达国家对外直接投资的首选地（谷本正幸，2014）。另一方面，2006年之前中国境外经贸合作区处于起步建设阶段，境外经贸合作区通过加强双边间的交流与沟通促进东道国对中国直接投资的作用较大。

（三）内生检验与稳健性检验

为确保前面估计结果的稳健性，本研究分别从内生性检验和替换被解释变量等角度对上述结果进行稳健性检验。前文将解释变量滞后一期，在一定程度上缓解了被解释变量与解释变量之间可能存在的反向因果关系而造成的内生性问题，但不能解决模型中由于存在同时影响解释变量和被解释变量的遗漏变量而造成模型的内生性问题。鉴于此，这里尝试采用中国和东道国是否为战略伙伴关系作为工具变量以克服模型中存在的内生性问题。估计结果如表6-20第（1）列和第（2）列所示。其中，模型中第一阶段估计结果的F值均大于10，表明不存在工具变量的弱识别问题，满足工具变量的相关性。而且，中国是否与东道国建立战略伙伴关系与多种因素相关，与中国是否对东道国直接投资并不具有直接的关系，具有一定的外生性。

表6-20　　境外经贸合作区与中国实际利用外商直接投资：

内生性和替换被解释变量检验

模型变量	内生性检验		替换被解释变量	
	（1）	（2）	（3）	（4）
	lnfdi	lnfdi	lnfdi_ht	lnfdi_h
TC	3.6696*	2.8953*	0.5747***	1.0299***
	(2.1800)	(1.5613)	(0.1681)	(0.1790)
lndist	-0.0771	-3.5251***	-0.9605***	-1.4647***
	(0.5379)	(0.2619)	(0.2056)	(0.3334)
lngdp	2.5571***	2.2503***	1.0827***	0.9408***
	(0.1122)	(0.1202)	(0.0333)	(0.0504)
lnpgdp		0.2605		0.2058*
		(0.1636)		(0.1084)

续表

模型变量	内生性检验		替换被解释变量	
	(1)	(2)	(3)	(4)
	lnfdi	lnfdi	lnfdi_ht	lnfdi_h
BIT		2.4546***		0.4098**
		(0.2493)		(0.1845)
fdi		0.0521***		0.0169
		(0.0150)		(0.0107)
resource		0.0034		-0.0042
		(0.0077)		(0.0032)
institution		2.7391***		0.8781***
		(0.2650)		(0.1510)
Constant	-58.2872***	-25.8437***	-19.4399***	-12.2358***
	(3.7928)	(2.4325)	(1.9031)	(3.2315)
First-F	22.79	30.02	—	—
Region FE	YES	YES	YES	YES
Year FE	YES	YES	YES	YES
N	2480	2094	2333	1967

注：括号内为稳健性标准误，***、**、* 分别表示在1%、5%、10%的水平显著；Region FE 和 Year FE 分别表示区域固定效应和年度固定效应；YES 表示控制了该变量。

表6-20第（1）列和第（2）列估计结果显示，即使克服了模型中可能存在的内生性问题，境外经贸合作区依然对中国利用外商直接投资具有显著的促进作用。因此，这里所得结果具有可靠性。

表6-20第（3）列和第（4）列以及表6-21则是以中国合同利用外商直接投资项目数为被解释变量的模型估计结果。模型估计结果显示，境外经贸合作区显著促进了中国实际利用外商直接投资；而且，境外经贸合作区对中国实际利用外商直接投资的影响具有异质性，境外经贸合作区主要促进了发达国家和非"一带一路"沿线国家对中国的直接投资。该结果与前文结果一致，因此，本章的实证结果具有稳健性。

表6-21　境外经贸合作区与中国实际利用外商直接投资：
替换被解释变量异质性检验

样本 模型 变量	发达国家	发展中国家	"一带一路" 沿线国家	其他国家
	(1)	(2)	(3)	(4)
	lnfdi_h	lnfdi_h	lnfdi_h	lnfdi_h
TC	0.9399**	0.5275	0.1608	2.4612***
	(0.4143)	(0.3669)	(0.1728)	(0.4833)
lndist	-0.8309*	-1.9493**	-1.0263***	-2.9492**
	(0.4698)	(0.8618)	(0.2961)	(1.3236)
lngdp	1.3430***	0.6949***	0.8808***	1.1356***
	(0.1605)	(0.1260)	(0.0516)	(0.2095)
lnpgdp	0.2295	0.5209*	-0.0879	1.3158**
	(0.7307)	(0.2915)	(0.0924)	(0.5156)
BIT	-0.5617	-0.2474	0.3181**	-1.6728**
	(0.3910)	(0.5057)	(0.1475)	(0.7292)
fdi	0.0095*	0.0097	-0.0079	0.0437
	(0.0056)	(0.0273)	(0.0080)	(0.0355)
resource	-0.0246	-0.0047	-0.0066**	0.0090
	(0.0371)	(0.0056)	(0.0028)	(0.0171)
institution	1.1464	-0.1511	0.7249***	-2.4490***
	(0.8103)	(0.3603)	(0.1254)	(0.7104)
Constant		-2.7354	-16.7179***	-11.1270
		(7.4010)	(2.8773)	(11.2778)
Region FE	YES	YES	YES	YES
Year FE	YES	YES	YES	YES
N	495	1457	1402	565

注：括号内为稳健性标准误，***、**、* 分别表示在1%、5%、10%的水平显著；Region FE 和 Year FE 分别表示区域固定效应和年度固定效应；YES 表示控制了该变量。

三、结论与启示

在中国国内劳动力成本上涨、土地资源紧缺、能源价格高涨等资源环境要素成本优势日益弱化，全球叠加疫情危机、地缘政治斗争，逆全球化贸易争端日益加剧，全球价值链、供应链深度重构的背景下，中国实际利用外商直接投资的增速日益放缓。为促进中国高质量利用外商直接投资，本节基于2003—2019年中国境外经贸合作区和中国实际利用外商直接投资数据，构建引力模型，实证检验了境外经贸合作区对中国对外直接投资的异质性影响。研究结果表明，境外经贸合作区通过依靠两国之间良好的外交关系以及双边优惠政策，以及促进双边的交流往来等机制促进中国实际利用外商直接投资。而且，境外经贸合作区对中国实际利用外商直接投资的促进作用具有国家异质性和时间异质性，中国在东道国境外经贸合作区的建立主要促进了发达国家和非"一带一路"沿线国家对中国的直接投资，境外经贸合作区对中国实际利用外商直接投资的影响在2006年之前比较显著。本书分别采用工具变量克服模型中可能存在的内生性问题，以及采取替换被解释变量等方法对模型进行稳健性检验，上述实证结果依然稳健。

上述结果证实了中国境外经贸合作区合作方式更加灵活，能够充分依托两国政府间的政治外交关系，以及加强双边间的民心相通，促进东道国对中国的直接投资。本研究结论对于中国实际吸引和利用外资放缓的背景下，新发展格局下中国实施更高水平对外开放，更大力度吸引和利用外资，具有一定的政策启示：第一，在单边保护主义不断蔓延、国际经贸摩擦加剧的背景下，中国应以境外经贸合作区为支点，结合40多年来中国对外开放利用外资的经验，对标高标准的国际经贸规则，积极探索和参与新一代国际经贸新规则的构建。全面参与经济全球化进程，持续促进外商投资自由化、便利化，改善营商环境，高质量吸收和利用外商直接投资，拓展全球资源配置空间。第二，目前境外经贸合作区对发达国家和非"一带一路"沿线国家对中国实际利用外商直接投资的促进作用较大，然而，目前中国在发达国家和非"一带一路"沿线国家和地区的分布较少。因此，未来中国应重点加强在发达国家和非"一带一路"沿线国家和地区的境外经贸合作区的建设。

第三节　境外经贸合作区与贸易畅通：对外出口贸易

商务部、财政部2015年发布的《境外经济贸易合作区考核办法》指出，合作区应"有利于建立商贸物流网络，拓展贸易发展空间"。党的二十大报告明确指出，要"推进高水平对外开放"，"稳步扩大规则、规制、管理、标准等制度型开放"，"加快建设贸易强国"，"推动共建'一带一路'高质量发展"，"维护多元稳定的国际经济格局和经贸关系"。2023年3月，习近平总书记在第十四届全国人民代表大会第一次会议上的讲话指出，"我们要努力推动构建人类命运共同体。中国的发展惠及世界，中国的发展离不开世界。我们要扎实推进高水平对外开放，既用好全球市场和资源发展自己，又推动世界共同发展"。境外经贸合作区作为中国企业在"走出去"和参与世界经贸规则构建探索中形成的经贸合作新方式，不仅体现了"一带一路"倡议中"共商、共建、共享"的根本原则，也与当今世界国际合作与经贸规则的新趋势相契合。境外经贸合作区不仅是中国企业抱团"走出去"和抵御风险的载体和平台，也是同"一带一路"沿线国家构建利益和命运共同体的重要载体。

境外经贸合作区相对于其他投资贸易协定具有更多的灵活性，可以根据不同的签约国选择不同的协议内容和合作的具体形式，促进境外贸易和投资的措施更为丰富（李嘉楠等，2016）。因此，自2006年底中国在巴基斯坦建立第一个境外经贸合作区以来，中国境外经贸合作区的建设取得了长足发展。据商务部统计，截至2022年底，中国境外经贸合作区近七成分布在"一带一路"沿线国家和地区，累计投资达571.3亿美元，为当地创造了42.1万个就业岗位，有力促进了双边互利共赢、共同发展。境外经贸合作区作为新时期世界各国互利合作的样板和关注焦点，在当前保护主义和反全球化思潮泛起的背景下，研究境外经贸合作区对中国出口贸易的影响，对于探索如何深入推进"一带一路"建设、推进中国贸易强国建设和构建"双循环"新发展格局，具有重要意义。

基于上述认识，本章拟在分析境外经贸合作区影响出口贸易机制的基础上，根据中国境外经贸合作区和出口贸易2001—2017年面板数据，实证检验境外经贸合作区对中国出口贸易规模和出口贸易结构的影响。与已有文献相比，本研究创新点如下：一是综合运用理论分析和实证分析方法，系统探究了中国境外经贸合作区对母国出口贸易规模和出口结构的影响；二是采用工具变量克服了模型中可能存在的内生性问题。

一、研究设计

（一）研究假设

境外经贸合作区作为中国与东道国协商在东道国限定区域内所建立的产业园区，既是中国在探索中形成的一种全新对外直接投资方式，也是中国在全球经贸治理中积极参与新规则构建的一种新尝试，本质上是中国与东道国之间的一种双边制度安排，能够更灵活地运用双边的政治关系和优惠政策促进双边经济发展。

对外直接投资对母国出口的影响取决于投资的类型（Markusen，1984；Helpman，1984；）和出口产品的形式（Blonigen，2001）。境外经贸合作区对母国出口的影响则取决于境外经贸合作区内企业的主要投资类型和出口产品的形式。2015年商务部和财政部发布的《境外经济贸易合作区考核办法》，将中国境外经贸合作区分为加工制造型、资源利用型、商贸物流型、农业产业型和科技研发型，不同类型园区内的企业投资类型也不相同。

以商品展示、运输、仓储、集散、配送、信息处理、流通加工等为主导的境外经贸合作区就是商贸物流型的园区。此类合作区内的企业主要是以出口服务为目标的市场寻求型投资，主要是为了扩大原有市场和开拓新的国际市场。该类投资的门槛较低，属于非生产性投资，与一般的绿地投资不同，商贸物流型园区内的企业投资不需要大量的固定资本投资，不在东道国生产产品，降低了企业进入国际市场的成本，主要是开展商品展示与推广、仓储与配送、信息处理和流通加工等服务构建营销网络。该类型园区优势在于：第一，该园区企业靠近消费者，能率先觉察到国外客户的特殊需求，充分发挥信息外部性，促使母公司更新产品，使产品更适合东道国需求，从而激发本地消费需求，通过"市场规模"效应而带动母国出口。第二，园区内企业也可能带动母国其他企业追随其模仿新产品，通过"溢出效应"而促进母国产品出口（林志帆，2016）。第三，企业在东道国通过构建国际营销网络，提高母公司的品牌知名度，通过"品牌效应"而增加母国出口（陈培如和冼国明，2018；Lipsey 和 Weiss，1981；Emlinger 和 Poncet，2018）。

因此，商贸物流型园区对母国总出口、劳动密集型产品和资本密集型产品均具有促进作用。而且，由于商贸物流型园区主要位于"一带一路"沿线的发展中国家，故商贸物流型园区主要促进了中国劳动密集型产品的出口。

以轻工、纺织、机械、电子、化工、建材等产业为主导产业的境外经贸合作区就是加工制造型园区。此类合作区具有市场寻求和效率寻求的动机，属于生产类投资，其对母国出口的影响取决于投资的类型（垂直型或水平型）以及贸易方式（Blonigen，2005；蒋冠宏和蒋殿春，2014）。水平型投资主要是为了跨越贸易壁垒，多为电子、机械制造、化工、建材等资本密集型产业。这些产业也是中国经常遭受反倾销调查的产业，贱金属及其制品和化学工业及其相关工业的产品遭受反倾销调查占比达 60% 以上（张德锋等，2020；龙小宁，2021）。相对于劳动和资源密集型行业，资本密集型更倾向于通过对外直接投资跨越东道国贸易壁垒（余振和陈鸣，2019）。生产与母国同质的最终产品，不需要从母国进口中间产品，资本流动不过是使产品生产从母国转移到了东道国，国际贸易转换成了国内贸易。因此，该类投资对母国总出口和资本密集型出口具有替代作用。同时，企业在东道国生产也会通过品牌效应和市场规模效应带动母国产品出口。此外，如果投资初期需要从母国进口机器设备，短期内会增加母国出口。

与水平型投资相比，垂直型投资主要是为了降低企业生产成本，提升获利能力，根据各国家和地区生产要素的丰裕度，将中间产品的生产分布在相应具有禀赋优势的国家和地区。因此，垂直型投资具有效率寻求的动机，其主要是充分利用国际要素市场，形成与各生产阶段相匹配的要素禀赋条件，属于效率寻求型和资源寻求型对外直接投资。相对于水平型投资，垂直型对外直接投资的进入门槛更低，同时也可以节约大量的固定投入成本（韩剑，2015）。由于各生产阶段要素密集度的差异，企业通常将劳动密集型的生产阶段转移到劳动力成本比较低的发展中国家和地区，而将资本密集型生产阶段转移到经济发展水平较高的发达国家和地区。目前，在中国劳动力成本不断上升的背景下，中国越来越多的企业将产品相关生产环节转移到劳动力资源相对更丰裕的东南亚和非洲的一些国家和地区，对中间产品进行加工组装，而服务东道国市场或者第三方市场。现有研究也证实了劳动力成本上升是中国企业"走出去"的重要因素之一（张相伟，2018）。该类投资大多属于在中国已经失去优势的传统的轻工、纺织、电子等劳动密集型边际产业，而这些产业在东道国还具有一定优势，转移到东道国生产主要是利用东道国廉价的劳动力。垂直型投资将基于以下原因带动母国出口。一是该类投资利用东道国的成本优势降低成本，母国集中资源专注于新产品开发，推动母国新技术升级，使生产分工沿价值链持续优化，增加产品的成本优势以及扩大品牌效应，提高产品市场占有率，从而促进双方出口贸易。二是该类投资将带动东道国经济发展，提高东道国消费能力，扩大东道国产品需求。三是根据新新贸易理论（Melitz，2003），企业生产成本的下降和生产率的提高，将产生企业的"自我选择效应"，带动母国非出口企业出口。四是该类投资企业拥有部分专利技术和管理经验等专有资产，为维护其独特的竞争优势，这些公司可能不愿在外部市场达成交易，或者由于东道国本地没有满足企业需求的中间产品和机器设备等生产资料，会对母国公司生产的中间品和及其设备形成需求，从而促进母国产品的出口。此外，垂直型投资还将通过减少中间品进口对母国出口具有替代作用，相对于水平型投资，垂直型投资可以节约大量固定资本投资而抑制母国资本密集型出口（闫周府等，2020）。

概而言之，加工制造型产业园区对中国出口贸易的影响不确定，对资本密集型产品具有替代作用，对劳动密集型产品具有促进作用。

至于利用东道国的矿产、油气、森林等资源利用型园区以及以谷物和经济作物等农业资源的开发和加工为主导的农业产业型园区，具有资源寻求的动机。一方面，在东道国技术水平有限的情况下，该类型园区内企业建立初期会带动母国机器设备、专利和技术等生产资料出口。另一方面，园区内企业通过低成本获取东道国相关生产要素和稀缺性战略性资源，有利于母国企业专业化生产和经营。尤其是境外农业产业型园区作为中国农业对外全产业链投资的新兴模式，能通过上中下游产业联动，降低投资成本（高运胜等，2021），提高劳动生产率和产品竞争力，从而带动母国对东道国和第三方市场的出口；但是企业将中间生产环节转移到要素丰裕的东道国，则有可能减少中间产品的出口。同时，采矿业以 OFDI 形式服务东道国或者第三方市场，对母国矿产资源形成出口替代效应，降低了资本密集型矿产资源出口（徐国祥和张正，2020）。截至 2017 年底中国农业产业型园区占比已超过 30%（李祜梅等，2019），境外农业合作区对中国农产品出口发挥了重要的促进作用（郑会青和庄佩芬，2021）。

总之，资源利用型和农业产业型园区对中国总出口的影响不确定，对资本密集型出口具有替代作用，对劳动密集型产品具有促进作用。

以轨道交通、汽车、通信、工程机械、航空航天、船舶和海洋工程等领域的高新技术及产品的研发、设计、实验、试制为主导的科技研发型园区，具有寻求创新资产和技术的动机，其目的是获取东道国的创新资产或者利用东道国的研发资源进行技术创新。这类境外经贸合作区主要位于技术先进的发达国家。一方面，该园区内企业通过获取东道国的先进技术和管理经验以及吸引东道国的高技术人才而进行逆向技术溢出，从而提高母国企业生产率和产品竞争力而促进其产品出口。同时，该园区企业也会带动母国相关专利技术对发展中国家的出口；另一方面，研发阶段和技术密集型产业转移将产生出口替代效应（徐国祥和张正，2020）。

科技研发型园区对母国出口的影响不确定。目前，位于发达国家的科技研发型园区较少[①]，科技研发型园区对出口贸易的促进作用可能不明显。

---

① 李祜梅等（2019）研究结果表明，截至 2017 年底，中国共有 12 家高新技术园区中，占比仅为 7%，其中有 3 家合作区位于韩国、比利时和法国，其他主要位于俄罗斯。而且，商务部关于境外经贸合作区的文件，仅在 2015 年增加了科技研发型境外经贸合作区的考核。

由于发达国家和发展中国家以及"一带一路"沿线国家和其他国家的经济、政治和法律制度环境存在差异,境外经贸合作区对东道国的出口的影响可能存在差异。图6-1总结了境外经贸合作区影响中国出口贸易规模和出口贸易结构的机制。

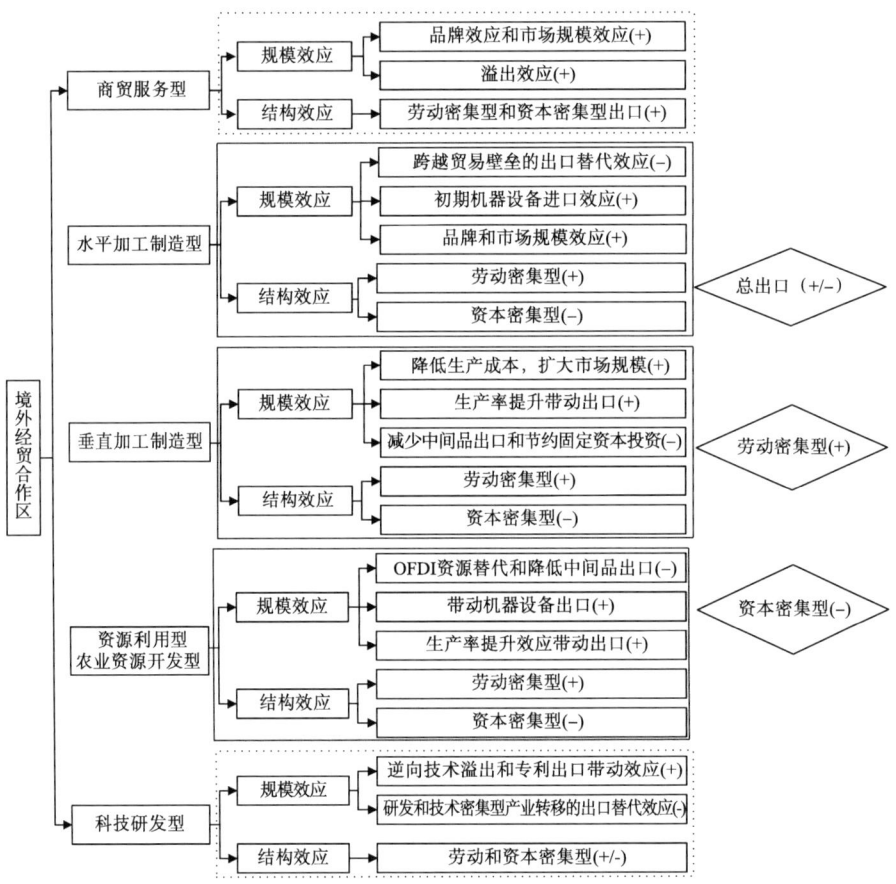

图6-1 境外经贸合作区影响中国出口贸易的机制

综上所述,本节提出以下理论假说:

假说H1:境外经贸合作区对中国出口的最终影响不确定。

假说H2:境外经贸合作区对中国资本密集型产品出口具有替代作用。

假说H3:境外经贸合作区对中国劳动密集型产品具有促进作用。

假说 H4：境外经贸合作区对中国出口贸易的影响存在国家异质性。

(二) 模型、变量与数据

1. 模型设定与变量说明

贸易引力模型自引入国际贸易问题研究以来，由于其所需数据易得、可信度高等特点，被广泛地应用于国际贸易和国际投资的研究中。参照已有研究（贺培等，2017），本研究基于贸易引力模型，构建如式 6-3 回归模型：

$$lnexport_{it} = \alpha + \beta_1 lngdp_{it} + \beta_2 lngdp_{jt} + \beta_3 lndistw_{ij} + \gamma TC_{i,t-1} + \theta X_{it} + \varepsilon_{it}$$

(式 6-3)

其中，i 表示东道国，j 表示东道国，t 表示年份。$lnexport_{it}$ 为中国每年对东道国的总出口规模、资本密集型产品出口规模占比和劳动密集型产品出口规模占比①。$TC_{i,t-1}$ 为中国 $t-1$ 年在东道国是否建立境外经贸合作区。本研究考虑到了境外经贸合作区对中国出口的影响可能存在滞后性，同时也兼顾了缓解由于境外经贸合作区与出口之间可能存在反向因果关系而导致模型的内生性问题。本节采用中国在东道国设立境外经贸合作区的滞后一期作为解释变量。其原因如下：一方面，中国可能更倾向于在与中国贸易往来比较密切，出口市场比较广阔的国家建立境外经贸合作区。另一方面，由于东道国建有中国境外经贸合作区，东道国对中国产品比较了解，中国企业倾向于将母国产品出口该国。X_{it} 为其他控制变量。除了引力模型中的基本变量以外，参照以往研究，本节还控制了影响双边贸易的其他因素，包括东道国是否与中国接壤、是否与中国有共同语言、是否为世界贸易组织（WTO）成员、中国与东道国之间是否签订自由贸易协定、中国和东道国的总人口。ϵ_{it} 为随机误差项，α 为常数项。

---

① 根据国际贸易标准分类（SITC），国际贸易货物分为 10 类。其中，0—4 类为初级产品，5—9 类为工业制成品；在工业制成品中，SITC5 和 SITC7 为资本密集型产品，SITC6 和 SITC8 为劳动密集型产品。本书分别用资本密集型产品占总出口的比例和劳动密集型产品占总出口的比例来衡量中国对东道国的出口结构。

2. 样本区间选择与数据来源

出于数据的可得性，本节选取了2001—2017年中国对213个国家和地区出口的数据为样本。主要数据来源如下：境外经贸合作区的数据手工整理于中国商务部、各省对外贸易经济合作厅官网以及中国国际贸易促进委员会境外产业园区信息服务平台；出口数据来源于历年《中国统计年鉴》和CEPII数据库；自由贸易协定（FTA）数据来源于中国自由贸易服务区官网；两国国内生产总值、人口数据来源于世界发展指数数据库（WDI）；WTO成员数据来源于WTO官网；中国与东道国之间的地理距离、是否有共同语言、是否与中国接壤等数据来源于CEPII数据库，中国是否与东道国建立外交关系以及中国与东道国是否为合作伙伴关系的数据为根据外交部官网整理所得。

本节主要变量的含义、描述性统计如表6-22所示。

表6-22　　　　　主要变量定义和描述性统计

变量	变量含义	样本量	均值	标准差	最小值	最大值
lnexport	中国对东道国的出口额（万美元）	3600	5.91	2.80	-3.91	12.86
k_export_r	资本密集型产品出口占比	3500	0.44	0.19	0	1
l_export_r	劳动密集型产品出口占比	3500	0.48	0.19	0	1
TC	东道国是否建立境外经贸合作区	4000	0.08	0.27	0	1
lngdp	东道国GDP对数值（美元）	3500	23.89	2.38	17.18	30.48
lncgdp	中国GDP对数值（美元）	3800	29.24	0.48	28.44	29.95
lnpop	东道国人口对数值（人）	3800	15.09	2.39	9.15	21.02
lncpop	中国人口对数值（人）	3800	21.01	0.03	20.96	21.05
lndistw	中国与东道国之间的地理距离（公里）	3700	9.02	0.52	7.03	9.86
wto	是否是WTO成员	4000	0.71	0.46	0	1
fta	自由贸易协定	4000	0.06	0.24	0	1
comlang	是否与中国具有共同语言	3800	0.02	0.14	0	1
contig	是否与中国接壤	3800	0.08	0.27	0	1
diplo_year	与中国建交年限（年）	4000	28.17	20.05	0	69
partnership	是否与中国为伙伴关系	4000	0.24	0.43	0	1

二、实证结果分析

（一）基准检验

表 6-23 报告了境外经贸合作区对中国出口影响的基本结果，其中第（1）列和第（2）列被解释变量为中国对东道国的总出口贸易额，第（3）列和第（4）列被解释变量为中国对东道国资本密集型产品出口占比，第（5）列和第（6）列被解释变量为中国对东道国劳动密集型产品出口占比。估计方法依次为随机效应和固定效应。其中，采用固定效应进行估计时，由于中国与东道国之间的地理距离不随年度而变化，估计系数不能被识别。

表 6-23   境外经贸合作区对中国出口影响的基本结果

被解释变量	lnexport		k_export_r		l_export_r	
模型	（1）	（2）	（3）	（4）	（5）	（6）
估计方法	RE	FE	RE	FE	RE	FE
TC	-0.1358**	-0.1980***	-0.0351**	-0.0423***	0.0385**	0.0404**
	(0.0641)	(0.0643)	(0.0141)	(0.0149)	(0.0153)	(0.0161)
lngdp	0.9348***	1.4096***	0.0178**	0.0247	-0.0011	0.0196
	(0.0757)	(0.2046)	(0.0086)	(0.0344)	(0.0097)	(0.0401)
lncgdp	5.9205***	5.7729***	0.3459***	0.3443***	-0.1387**	-0.1457**
	(0.3244)	(0.3240)	(0.0665)	(0.0662)	(0.0662)	(0.0657)
lnpop	0.1150	0.2152	-0.0128	-0.1042*	0.0043	0.0605
	(0.0852)	(0.3259)	(0.0101)	(0.0573)	(0.0112)	(0.0633)
lncpop	-78.9399***	-79.6849***	-5.0413***	-4.8006***	1.8917*	1.7165
	(5.4687)	(5.4869)	(1.1394)	(1.1396)	(1.0967)	(1.1033)
lndistw	-0.3220*		-0.0011		0.0280	
	(0.1680)		(0.0234)		(0.0257)	
wto	0.2311**	0.2060**	0.0097	0.0297	-0.0006	-0.0143
	(0.0939)	(0.0934)	(0.0176)	(0.0198)	(0.0172)	(0.0189)
fta	-0.1093	-0.1524*	-0.0105	-0.0149	0.0110	0.0136
	(0.0876)	(0.0904)	(0.0152)	(0.0171)	(0.0198)	(0.0218)
comlang	2.0686***		0.1287***		-0.1492***	
	(0.4518)		(0.0313)		(0.0352)	

续表

被解释变量	lnexport		k_export_r		l_export_r	
模型	(1)	(2)	(3)	(4)	(5)	(6)
估计方法	RE	FE	RE	FE	RE	FE
contig	0.5546 (0.3911)		-0.0169 (0.0509)		0.0297 (0.0566)	
Constant	1.5e+03*** (105.3545)	1.5e+03*** (105.5602)	96.0029*** (22.0009)	92.2134*** (21.9904)	-35.4902* (21.1224)	-32.7062 (21.1904)
N	3120	3120	3095	3095	3099	3099

注：括号内为稳健性标准误，***、**、* 分别表示在1%、5%、10%的水平显著；RE 和 FE 分别表示随机效应和固定效应。

从表6-23的估计结果可以看出，无论是采用随机效应还是固定效应模型估计，境外经贸合作区对中国出口的影响均比较稳健。其中，中国在东道国所建立的境外经贸合作区显著减少了中国对东道国的出口。其原因可能在于：东道国境外经贸合作区的建立吸引了中国企业以投资建厂的形式服务该国市场，对国内企业的出口具有替代作用；境外经贸合作区对中国资本密集型产品的出口具有显著的替代作用，而对中国劳动密集型产品具有显著的促进作用。这就验证了本章的假设 H1 和假设 H2。

(二) 异质性检验

1. "一带一路" 沿线国家和其他国家的异质性检验

考虑到境外经贸合作区对出口的影响在 "一带一路" 沿线国家和其他国家之间可能存在差异，本研究分别对 "一带一路" 沿线国家和其他国家采用面板固定效应方法，进行了分样本回归，结果如表6-24所示[1]。其中，belt_road、other 和 all 分别为 "一带一路" 沿线国家和地区样本、其他国家和地区样本以及全部样本[2]。

---

[1] 由于固定效应模型比随机效应模型估计结果更可信（Jeffrey M. Wooldridge, 2006），所以为节省篇幅，本书此处仅报告了固定效应模型的估计结果，随机效应模型的结果备索。后文亦同。

[2] 关于 "一带一路" 沿线国家和地区的界定为已同中国签订共建 "一带一路" 合作文件的国家和地区，数据具体来源于中国 "一带一路" 官网。其中，非 "一带一路" 沿线国家和地区在样本区间内均已为 WTO 成员，不存在时间序列上的变化，因此，采用面板固定效应估计时，WTO 的估计系数被略去。

表 6-24 境外经贸合作区对 "一带一路" 国家和其他国家出口的异质性影响

被解释变量	lnexport				k_export_r			l_export_r		
模型	(1)	(2)	(3)	(4)	(5)	(6)	(7)	(8)	(9)	
样本	belt_road	other	all	belt_road	other	all	belt_road	other	all	
TC	-0.1988***	-0.3066**	-0.2784***	-0.0369**	-0.0683**	-0.0349**	0.0332*	0.0746**	0.0261*	
	(0.0732)	(0.1498)	(0.0571)	(0.0160)	(0.0296)	(0.0153)	(0.0174)	(0.0293)	(0.0151)	
tc_road			0.1124			-0.0103			0.0201	
			(0.0712)			(0.0187)			(0.0206)	
lngdp	1.4401***	0.9692**	1.4023***	0.0087	0.0461	0.0253	0.0230	-0.0049	0.0183	
	(0.2518)	(0.3748)	(0.2038)	(0.0381)	(0.0824)	(0.0342)	(0.0458)	(0.0910)	(0.0399)	
lncgdp	6.0042***	5.1587***	5.7652***	0.3970***	0.2680**	0.3451***	-0.1692**	-0.1187	-0.1474**	
	(0.4074)	(0.5387)	(0.3240)	(0.0833)	(0.1149)	(0.0661)	(0.0776)	(0.1283)	(0.0656)	
lnpop	0.0579	1.1845	0.2100	-0.0968	-0.1469	-0.1038*	0.0434	0.1925	0.0597	
	(0.3247)	(1.1026)	(0.3243)	(0.0600)	(0.1674)	(0.0573)	(0.0664)	(0.1502)	(0.0631)	
lncpop	-82.6283***	-70.4488***	-79.5267***	-5.5224***	-3.6546*	-4.8182***	2.1441*	1.0534	1.7510	
	(6.7139)	(9.6738)	(5.4854)	(1.3977)	(2.0929)	(1.1381)	(1.2714)	(2.2337)	(1.1001)	
wto	0.1605*		0.1989**	0.0258		0.0304	-0.0145		-0.0156	
	(0.0949)		(0.0941)	(0.0198)		(0.0199)	(0.0192)		(0.0188)	
fta	-0.1011	-0.4542***	-0.1583***	-0.0439***	0.0879***	-0.0143	0.0455**	-0.1048***	0.0125	
	(0.0948)	(0.1123)	(0.0903)	(0.0150)	(0.0276)	(0.0170)	(0.0211)	(0.0259)	(0.0217)	
Constant	1.5e+03***	1.3e+03***	1.5e+03***	106.1272***	70.4791*	92.5342***	-40.8262*	-20.9344	-33.3357	
	(128.9801)	(185.9115)	(105.5112)	(27.0017)	(40.1672)	(21.9636)	(24.4961)	(42.6691)	(21.1330)	
N	2068	1052	3120	2065	1030	3095	2065	1034	3099	

注: 括号内为稳健性标准误, ***、**、* 分别表示在 1%、5%、10% 的水平显著。

表 6-24 研究结果表明境外经贸合作区均显著降低了中国对东道国的总出口规模和资本密集型出口规模，促进了中国对东道国劳动密集型的出口规模。中国对东道国出口的影响在非"一带一路"沿线国家相对较大，但是，第（3）列、第（6）列和第（9）列境外经贸合作区与"一带一路"沿线国家交互项系数不显著，表明尽管目前境外经贸合作区对"一带一路"沿线及其他国家和地区的出口影响存在差异，但是不显著。这就验证了本章的理论假设 H3。

2. 发达国家和发展中国家的异质性检验

考虑到境外经贸合作区对发达国家和发展中国家出口的异质性影响，本节根据国际货币基金组织（IMF）关于国家的分类标准，分别对发达国家和发展中国家采用面板固定效应方法，进行分样本回归，估计结果如表 6-25 所示。其中，developed、developing 和 all 分别为发达国家、发展中国家以及全部样本[①]。

表 6-25 研究结果表明，境外经贸合作区显著降低了中国对东道国的出口规模，增加了对东道国劳动密集型产品的出口，降低了对东道国资本密集型产品的出口。而且，表 6-25 第（3）列、第（6）列和第（9）列境外经贸合作区与发达国家交互项的估计系数均比较显著。可见，境外经贸合作区对中国对发达国家和发展中国家的出口存在显著差异，对发达国家出口的影响相对较大。这使得理论假说 H3 得到验证。其原因可能在于：相对于发展中国家，中国对发达国家的投资主要为资本密集型行业，投资目的主要是跨越东道国贸易壁垒，因此对母国整体出口和资本密集型产品的替代作用更大；而且，发达国家经济发展水平较高，人均购买力比较强，中国对东道国投资所带来的劳动密集型产品出口的市场规模效应和品牌效应更大。

---

① 其中，发达国家和地区在样本区间内均已为 WTO 成员，不存在时间序列上的变化，因此，采用面板固定效应估计时，WTO 的估计系数被略去。

表 6-25 境外经贸合作区对发达国家和发展中国家出口的异质性影响

被解释变量	lnexport			k_export_r			l_export_r		
模型	(1)	(2)	(3)	(4)	(5)	(6)	(7)	(8)	(9)
样本	developed	developing	all	developed	developing	all	developed	developing	all
TC	-0.4285**	-0.2069***	-0.1717***	-0.1033***	-0.0363**	-0.0373**	0.1008***	0.0330**	0.0356**
	(0.1802)	(0.0696)	(0.0641)	(0.0323)	(0.0151)	(0.0147)	(0.0298)	(0.0163)	(0.0161)
tc_devel			-0.4317***			-0.0797*			0.0778**
			(0.1448)			(0.0420)			(0.0379)
lngdp	1.7405***	1.1828***	1.3851***	0.0728	0.0014	0.0200	-0.0086	0.0305	0.0241
	(0.4399)	(0.2277)	(0.2044)	(0.0826)	(0.0397)	(0.0345)	(0.0709)	(0.0465)	(0.0404)
lncgdp	4.7404***	6.0605***	5.7228***	0.1574	0.4005***	0.3349***	-0.0854	-0.1678**	-0.1365**
	(0.4447)	(0.3910)	(0.3263)	(0.1175)	(0.0773)	(0.0669)	(0.1107)	(0.0781)	(0.0661)
lnpop	-2.3529***	0.2260	0.2046	-0.0609	-0.1266*	-0.1062*	-0.0903	0.0813	0.0625
	(0.7324)	(0.3569)	(0.3228)	(0.1989)	(0.0653)	(0.0579)	(0.1805)	(0.0729)	(0.0640)
lncpop	-63.9808***	-81.8642***	-78.5475***	-2.2190	-5.4105***	-4.5873***	1.1842	1.8923	1.5078
	(8.5189)	(6.5675)	(5.5479)	(1.9954)	(1.3372)	(1.1555)	(1.8721)	(1.2991)	(1.1134)
wto		0.1476	0.1975**		0.0242	0.0281		-0.0117	-0.0127
		(0.0983)	(0.0939)		(0.0201)	(0.0199)		(0.0194)	(0.0190)
fta	-0.2083*	-0.0186	-0.1504*	0.0539*	-0.0526***	-0.0145	-0.0589*	0.0573**	0.0133
	(0.1128)	(0.1054)	(0.0899)	(0.0315)	(0.0173)	(0.0173)	(0.0324)	(0.0251)	(0.0221)
Constant	1.2e+03***	1.5e+03***	1.5e+03***	41.5653	104.2675***	88.1504***	-20.2727	-36.3048	-28.7305
	(162.2343)	(126.4252)	(106.7052)	(38.0275)	(25.7946)	(22.2944)	(35.3360)	(24.9606)	(21.3792)
N	612	2508	3120	610	2485	3095	610	2489	3099

注：括号内为稳健性标准误，***、**、*分别表示在1%、5%、10%的水平显著。

(三) 工具变量检验

前文将解释变量滞后一期缓解了模型中境外经贸合作区与出口之间由于存在反向因果关系而造成的内生性问题。但模型中还存在同时影响企业到东道国建立境外经贸合作区和出口的遗漏变量而造成模型的内生性问题的可能。因此，为了更好地解决内生性问题，本书采用中国与东道国建立外交关系的年限作为境外经贸合作区的工具变量，来重新估计上述模型。工具变量需满足以下两个条件：一是工具变量与境外经贸合作区相关；二是与方程的扰动项不相关。由于境外经贸合作区主要是由中国政府与外交关系比较好的国家签订投资合作协议而建立的产业园区，而且，方程第一阶段估计结果的F值也均大于10，表明不存在工具变量的弱识别问题，所以，境外经贸合作区的建立与中国与东道国是否建立外交关系密切相关。而中国是否与东道国建立外交关系与多种因素相关，与中国是否对东道国出口并不具有直接的关系，具有一定的外生性。此外，参照闫雪凌和林建浩（2019）的研究，本书还采用东道国曾经或现在是否是社会主义国家为工具变量，进行了模型估计。

表6-26报告了本书采用固定效应模型工具变量的估计结果，其中第（1）列、第（3）列和第（5）列工具变量为中国与东道国建立外交关系的年限。第（2）列、第（4）列和第（6）列工具变量为东道国曾经或现在是否为社会主义国家。研究结果表明境外经贸合作区对东道国出口具有替代作用，减少了对东道国资本密集型产品的出口，增加了对东道国劳动密集型产品的出口。因此，即使考虑了模型中可能存在的内生性，本书的结果依然稳健。

表6-26　境外经贸合作区对中国出口的影响：基于工具变量的检验

被解释变量	$lnexport$		k_export_r		l_export_r	
模型	(1)	(2)	(3)	(4)	(5)	(6)
估计方法	diplomacy	socialism	diplomacy	socialism	diplomacy	socialism
TC	-1.6856***	-3.1381**	-0.5610***	-0.9063***	0.6611***	0.8106***
	(0.4590)	(1.5328)	(0.1118)	(0.3330)	(0.1188)	(0.3085)

续表

被解释变量	lnexport		k_export_r		l_export_r	
模型	（1）	（2）	（3）	（4）	（5）	（6）
估计方法	diplomacy	socialism	diplomacy	socialism	diplomacy	socialism
lngdp	1.8864***	2.3435***	0.1502***	0.2514**	-0.1295***	-0.1728*
	(0.1506)	(0.4601)	(0.0366)	(0.1008)	(0.0388)	(0.0928)
lncgdp	4.6591***	1.2211***	0.1574**	0.0980***	0.0091	-0.0809***
	(0.2933)	(0.1280)	(0.0699)	(0.0287)	(0.0752)	(0.0266)
lnpop	-0.1997	-0.3437	-0.1845***	-0.2045***	0.1682***	0.1708**
	(0.1709)	(0.3471)	(0.0413)	(0.0788)	(0.0443)	(0.0730)
lncpop	-57.1919***		-0.7218		-1.8602	
	(5.2592)		(1.2381)		(1.3317)	
wto	0.4204***	0.6698***	0.0951***	0.1657***	-0.0968***	-0.1434***
	(0.0946)	(0.2226)	(0.0229)	(0.0498)	(0.0246)	(0.0463)
fta	-0.0420	0.0668	0.0203	0.0546	-0.0312	-0.0481
	(0.0910)	(0.2015)	(0.0223)	(0.0466)	(0.0240)	(0.0434)
Constant	1.0e+03***	-86.2806***	10.2147	-5.6696***	39.8301	4.5274**
	(102.4556)	(8.9582)	(24.0670)	(1.9682)	(25.8794)	(1.8151)
First-F	50.43	34.00	14.24	8.25	14.61	11.54
N	3266	2903	3273	2914	3278	2919

注：括号内为稳健性标准误，***、**、*分别表示在1%、5%、10%的水平显著。

（四）稳健性检验

为考察估计结果的稳健性，本节以中国是否与东道国为合作伙伴关系作为工具变量，采用固定效应模型重新对上述结果进行了估计①。估计结果如表6-27第（1）列、第（2）列和第（3）列所示。此外，为剔除"避税天堂"国家和地区对估计结果的影响（Kolstad和Wiig，2009），根

---

① 本研究在外交部网站手动搜索了与中国建立伙伴关系的国家和建立时间，主要包括创新战略伙伴关系、更加紧密的全面合作伙伴关系、合作伙伴关系、全方位合作伙伴关系、全方位友好合作伙伴关系、全面合作伙伴关系、全面友好合作伙伴关系、全面战略合作伙伴关系、全面战略伙伴关系、全面战略协作伙伴关系、全天候战略合作伙伴关系、友好合作伙伴关系、战略合作伙伴关系、战略伙伴关系等伙伴关系。

据 OECD（2009）关于"避税天堂"国家和地区的认定标准，本书剔除了"避税天堂"国家和地区的样本，采用固定效应模型进行了空间稳健性检验，估计结果如表 6-27 第（4）列、第（5）列和第（6）列所示。表 6-27 估计结果与前文一致，因此，本书估计结果具有稳健性。

表 6-27　境外经贸合作区对中国出口的影响：稳健性检验

被解释变量	lnexport	k_export_r	l_export_r	lnexport	k_export_r	l_export_r
模型	（1）	（2）	（3）	（4）	（5）	（6）
估计方法	东道国是否为中国合作伙伴工具变量			剔除"避税天堂"国家和地区		
TC	-1.3225***	-0.3835***	0.2137***	-0.1536**	-0.0368**	0.0353**
	(0.4028)	(0.0901)	(0.0797)	(0.0652)	(0.0156)	(0.0103)
lngdp	1.7904***	0.1034***	-0.0124	1.4886***	0.0257	0.0255
	(0.1363)	(0.0303)	(0.0267)	(0.2268)	(0.0376)	(0.0172)
lncgdp	4.7122***	0.1731***	-0.0298	5.3770***	0.3026***	-0.0890*
	(0.2781)	(0.0606)	(0.0539)	(0.3136)	(0.0606)	(0.0528)
lnpop	-0.1436	-0.1573***	0.1001***	0.2041	-0.0823	0.0342
	(0.1606)	(0.0354)	(0.0315)	(0.3379)	(0.0583)	(0.0284)
lncpop	-58.4656***	-1.1487	-0.7942	-74.2073***	-4.2812***	0.9384
	(4.9716)	(1.0725)	(0.9536)	(5.1690)	(1.0181)	(0.9340)
wto	0.3781***	0.0744***	-0.0445**	0.1426	0.0335	-0.0257*
	(0.0879)	(0.0194)	(0.0173)	(0.0920)	(0.0208)	(0.0150)
fta	-0.0736	0.0041	0.0098	-0.1180	-0.0093	0.0062
	(0.0853)	(0.0191)	(0.0170)	(0.0905)	(0.0174)	(0.0144)
Constant	1.1e+03***	19.4290	16.8138	1.4e+03***	82.1833***	-17.7616
	(96.7477)	(20.8303)	(18.5193)	(99.4054)	(19.6796)	(18.0714)
First-F	55.61	18.76	28.00			
N	3266	3273	3278	2706	2685	2687

注：括号内为稳健性标准误，***、**、* 分别表示在 1%、5%、10% 的水平显著。

三、结论与启示

境外经贸合作区作为中国在探索中形成的全新的经贸合作方式，已成为新时期中国对外开放的重要载体和推进"一带一路"建设的有力抓手。

第六章　境外经贸合作区与贸易畅通的实证检验：跨国层面的证据

自2006年中国在巴基斯坦建立第一个境外经贸合作区以来，境外经贸合作区已经取得了长足的发展。境外经贸合作区在"一带一路"建设中发挥了怎样的作用？本节基于中国2001—2017年的境外经贸合作区和出口贸易数据，在分析境外经贸合作区对出口贸易影响机制的基础上，实证检验了境外经贸合作区对中国出口贸易的影响。东道国境外经贸合作区的建立对中国出口贸易具有替代作用，境外经贸合作区促进了中国对劳动密集型产品的出口，减少了中国对资本密集型产品的出口。而且，境外经贸合作区对中国出口的影响具有异质性，境外经贸合作区对发达国家的影响大于发展中国家。在利用工具变量克服模型中可能存在的内生性，以及剔除"避税天堂"国家和地区的样本之后，上述结果依然稳健。

因此，境外经贸合作区作为中国在探索中形成的经贸合作的新方式和"一带一路"建设的重要抓手，在中国对外经贸合作中已经发挥了重要作用。中国在非"一带一路"沿线国家中和发达国家建立境外经贸合作区主要起到了跨越贸易壁垒的作用，在"一带一路"沿线国家和发展中国家中通过带动劳动密集型产品的出口，而起到了延长国内劳动密集型产品生命周期，带动国内就业的作用。

本节研究结果的具体政策启示如下。

第一，继续发挥境外经贸合作区在中国经贸合作中的优势，推动中国贸易强国建设和中国"一带一路"高质量发展。境外经贸合作区作为中国参与国际经贸规则构建和企业"走出去"探索中形成的经贸合作新方式，不仅与当今世界国际合作与经贸规则构建中的新趋势相一致，也与"一带一路"倡议"共商、共建、共享"的根本原则和中国全球治理观以及构建人类命运共同体的重大倡议相契合。中国应加强中国境外经贸合作区的建设，总结境外经贸合作区的发展经验，重点选择一批发展潜力比较大的合作区，加大国家政策支持力度，实现境外经贸合作区的可持续发展。本节的研究证实，中国境外经贸合作区促进了中国劳动密集型产品的出口。中国应重点通过园区建设，有序带动中国国内企业抱团"走出去"，尤其是位于全球价值链中低端的劳动密集型加工贸易企业，与国内企业形成更加合理的国际生产分工关系，提高企业的生产效率。一方面，东道国境外经贸合作区的建设通过品牌效应、中间品出口、逆向技术溢出、生产设备与技术出口等效应带动母国出口，延长母国劳动密集型产品的生命周期，防止国内产业"空心化"，带动国内就业——生产效率的提升将提升企业产品出口质量，推动中国对外贸易高质量发展。另一方面，东道国境外经贸合作区的建立也有效缓解了中国国内劳动力短缺的问题，并带动东道国就业和贸易发展，实现中国和东道国共同发展。

第二，在"逆全球化"的思潮愈演愈烈、单边保护主义不断蔓延、国际经贸规则博弈日益加剧的背景下，中国不仅要继续推动在"一带一路"国家境外经贸合作区的建设，也要加快境外经贸合作区在非"一带一路"沿线国家的建设步伐。研究结果表明，境外经贸合作区对中国资本密集型产品出口具有替代作用。而且，由于中国在非"一带一路"沿线国家主要投资于资本密集型行业，投资目的主要是跨越东道国贸易壁垒，其影响在非"一带一路"沿线国家更大，故中国在非"一带一路"沿线国家中建立境外经贸合作区起到了跨越贸易壁垒的作用。然而，目前中国境外经贸合作区主要分布于"一带一路"沿线国家，在"逆全球化"背景下，中国应加快境外经贸合作区在非"一带一路"沿线国家的建设，以跨越东道国贸易壁垒，服务东道国市场。

第三，推进中国境外经贸合作区高质量可持发展。本研究证实，中国境外经贸合作区已颇为有效地发挥了推动中国贸易高质量发展和"一带一路"建设的重要作用。然而，目前中国诸多境外经贸合作区仍面临主导产业不明确、规划不合理、盈利能力差，以及重产业发展、忽视东道国社会功能和治理等问题，面临发展不可持续的问题。因此，中国应加强政治保障，深化与"一带一路"沿线国家的双边合作，搭建信息共享平台，推动合作区企业协同发展。构建遵循"以政府为主导、企业为主体、市场化运作"原则的"三位一体"的政策保障体系。以中国境外经贸合作区建设为载体，携手建设人类命运共同体，推动共建"一带一路"高质量发展。

第四节　境外经贸合作区与贸易畅通：对外进口贸易

高质量发展是全面建设社会主义现代化国家的首要任务，是中国式现代化的本质要求。加快构建以国内大循环为主体、国内国际双循环相互促进的新发展格局，是新时代我国实现高质量发展的重要战略部署，也是推进和拓展中国式现代化的重要手段。进口是中国实现高水平对外开放的重要渠道，同时也是连接国内循环和国际循环的关键纽带之一。积极扩大进口既能促进国内供给体系质量提升、满足人民群众消费升级需求、实现国民经济更高水平动态平衡，也有利于我国依托超大规模市场优势，以国内大循环促进国内国际产业相融、资源共享、市场联通和规则相通，实现国内国际两个市场两种资源联动，相互促进。

改革开放以来，中国进口贸易规模稳步提升，从2009年至今一直稳居全球第二大进口国的地位。根据国家统计局统计，我国进口贸易额自1978年的10.89亿美元增加至2021年的2687.14亿美元，43年间实现了246.8倍的增长。然而，随着"逆全球化"思潮愈演愈烈，贸易保护主义和单边主义不断抬头，地缘政治斗争日益加剧，全球不确定性因素增加，中国对外进口贸易规模出现增长乏力，贸易结构性失衡日趋严重。尽管中国技术密集型商品进口比重不断攀升，但进口来源地过于集中，对发达国家特别是美国、欧洲、日本的高新技术产品依赖度过高，以双边政治关系为代表的一些不确定性因素可能会导致中国企业面临"卡脖子"的风险，中国企业进口供应链极易受到关键贸易伙伴国的掣肘，出现类似"中兴事件""华为事件"的"卡脖子"事件。

那么，在全球化逆动，世界贸易摩擦日益加剧，全球所面临的经济不确定因素增加的背景下，面对中国贸易发展方式的变化，境外经贸合作区在中国进口贸易中扮演怎样的角色？中国在东道国境外经贸合作区的建立如何影响中国的对外进口贸易规模和进口贸易结构？为此，本章基于中国2001—2017年的境外经贸合作区和对外进口贸易数据，在分析境外经贸合作区对进口贸易影响机制的基础上,实证检验境外经贸合作区对中国对外进口贸易规模和对外贸易进口结构的异质性影响。

一、研究设计

(一)模型设定

引力模型被广泛地应用于国际贸易和国际投资的研究中,参照已有研究(贺培等,2017),本节模型设定如式 6-4 所示:

$$lnimport_{it} = \alpha + \beta_1 lngdp_{it} + \beta_2 lngdp_{jt} + \beta_3 lndist_{ij} + \gamma TC_{i,t-1} + \theta X_{it} + \varepsilon_{it}$$

(式 6-4)

其中,i 表示东道国,j 表示东道国,t 表示年份。$lnimport_{it}$ 分别为中国每年从东道国进口的总规模、资本密集型产品进口规模占比和劳动密集型产品进口规模占比;其中,参照徐春祥等(2015)的做法,根据国际贸易标准分类(SITC),工业制成品中 SITC5 和 SITC7 为资本密集型产品,SITC6 和 SITC8 为劳动密集型产品。同时,考虑到境外经贸合作区对中国出口的影响可能存在滞后性,还为缓解由于境外经贸合作区与出口之间可能存在反向因果关系而导致模型的内生性问题作了针对性设计。本章采用中国在东道国设立境外经贸合作区的滞后一期作为解释变量($TC_{i,t-1}$)。除了引力模型中的基本变量以外,参照已有研究,本研究还控制了影响双边贸易的其他因素,包括东道国是否与中国接壤、是否与中国有共同语言、是否为 WTO 成员、中国与东道国之间是否签订自由贸易协定、中国和东道国的总人口等。ϵ_{it} 为随机误差项,α 为常数项。

(二)样本区间选择与数据来源

基于数据的可得性,本节样本设定为 2001—2017 年中国对 213 个国家和地区进口贸易数据。主要数据来源与前一节关于境外经贸合作区对中国出口贸易影响的研究相同。这里的主要变量的含义、描述性统计如表 6-28 所示。

表 6-28　　　　　主要变量定义和描述性统计

变量	变量含义	样本量	均值	标准差	最小值	最大值
lnimport	中国对东道国进口额（万美元）	3400	4.664	3.783	-4.719	12.16
k_im_r	资本密集型产品进口占比	3400	0.247	0.321	0	1
l_im_r	劳动密集型产品进口占比	3400	0.180	0.252	0	1
TC	东道国是否建立境外经贸合作区	4000	0.0761	0.265	0	1
lngdp	东道国国内生产总值对数值（美元）	3500	23.89	2.382	17.18	30.48
lncgdp	中国国内生产总值对数值（美元）	3800	29.24	0.483	28.44	29.95
lnpop	东道国人口对数值（人）	3800	15.09	2.393	9.151	21.02
lncpop	中国人口对数值（人）	3800	21.01	0.0277	20.96	21.05
lndistw	双边地理距离（公里）	3700	9.023	0.520	7.025	9.858
wto	东道国是否为 WTO 成员	4000	0.706	0.456	0	1
fta	双边是否签署自由贸易协定	4000	0.0613	0.240	0	1
comlang	双边是否具有共同语言	3800	0.0202	0.141	0	1
contig	双边是否接壤	3800	0.0808	0.273	0	1
partnership	双边是否为战略伙伴关系	4000	0.243	0.429	0	1

二、实证结果分析

（一）基准检验

表 6-29 报告了采用随机效应模型估计的境外经贸合作区对中国进口贸易影响的基本结果，其中第（1）列、第（2）列和第（3）列被解释变量分别为中国从东道国进口的总贸易额、资本密集型产品进口额占总进口额比重、劳动密集型产品进口额占总进口额比重。

表 6-29　　　境外经贸合作区与中国实际利用外商直接投资：
基准检验与机制检验

模型 变量	（1） lnimport	（2） k_im_r	（3） l_im_r
TC	-0.2790 *** (0.0793)	0.0215 ** (0.0094)	0.0206 (0.0151)

续表

模型	(1)	(2)	(3)
变量	lnimport	k_im_r	l_im_r
lngdp	1.7136***	0.0030	-0.0691**
	(0.2121)	(0.0328)	(0.0280)
lncgdp	4.7570***	0.1030	-0.2572***
	(0.4983)	(0.0812)	(0.0755)
lnpop	-0.6343**	0.0359	-0.0343
	(0.2664)	(0.0463)	(0.0428)
lncpop	-59.3365***	-2.4195*	4.8709***
	(8.7051)	(1.4306)	(1.3068)
lndistw	-1.6446***	-0.0701*	0.0555*
	(0.2544)	(0.0390)	(0.0332)
wto	-0.3467**	-0.0068	-0.0099
	(0.1542)	(0.0295)	(0.0316)
fta	-0.4208***	-0.0105	-0.0083
	(0.0946)	(0.0145)	(0.0140)
comlang	-2.4140***	0.1774**	-0.3875***
	(0.8058)	(0.0872)	(0.0731)
contig	2.5595***	-0.2815***	0.1633***
	(0.8703)	(0.0637)	(0.0535)
Constant	1.1e+03***	48.2535*	-92.3893***
	(168.6297)	(27.6607)	(25.2697)
N	2969	3023	3024

注：括号内为稳健性标准误，***、**、* 分别表示在1%、5%、10%的水平显著。

表6-29的估计结果表明，中国在东道国所建立的境外经贸合作区显著减少了中国对东道国的总进口贸易，境外经贸合作区显著增加了中国从东道国资本密集型产品的进口，而对中国劳动密集型产品进口贸易的影响不显著。其原因可能在于：东道国境外经贸合作区的建立使中国企业直接利用东道国的资源进行生产，从而减少了原来在中国本地生产所需的中间品和资源。如前文第三节所述，中国在东道国建立境外经贸合作区的原因

之一，就是跨越东道国资本密集型产品的贸易壁垒，中国企业以境外经贸合作区为载体到东道国进行直接投资，生产资本密集型产品来服务东道国市场和全球其他市场，并以进口的方式服务中国本土市场。因此，中国在东道国所建立的境外经贸合作区增加了中国从东道国资本密集型产品的进口。

（二）异质性检验

1. 国家发展水平的异质性检验

为考察境外经贸合作区对发达国家和发展中国进口贸易的异质性影响，本章根据国际货币基金组织（IMF）关于国家的分类标准，分别对发达国家和发展中国家采用面板随机效应估计方法，进行分样本回归，估计结果如表6-30所示。其中，developed、developing 和 all 分别为发达国家、发展中国家以及全部样本。

表6-30　　境外经贸合作区与中国对外进口贸易：发达国家
与发展中国家的检验

被解释变量	lnimport			k_im_r		l_im_r	
模型	(1)	(2)	(3)	(4)	(5)	(6)	(7)
样本	developed	developing	all	developed	developing	developed	developing
TC	-0.5572***	-0.3219***	-0.2559***	-0.0097	0.0217**	-0.0338***	0.0223
	(0.1080)	(0.0875)	(0.0813)	(0.0294)	(0.0101)	(0.0147)	(0.0165)
tc_develop			-0.3746***				
			(0.1002)				
developed			-2.0567***				
			(0.3317)				
lngdp	-0.3910	1.8001***	1.6906***	0.1729**	-0.0488	-0.0619	-0.0774**
	(0.4380)	(0.2497)	(0.2145)	(0.0879)	(0.0378)	(0.0773)	(0.0322)
lncgdp	3.2943***	5.1418***	4.7145***	-0.1179	0.1706*	-0.0890	-0.3120***
	(0.5321)	(0.6151)	(0.5000)	(0.1128)	(0.0980)	(0.0850)	(0.0930)
lnpop	-1.4350**	-0.8540***	-0.6431**	-0.2342	0.0348	0.0480	-0.0430
	(0.6682)	(0.2891)	(0.2662)	(0.1863)	(0.0486)	(0.1518)	(0.0461)

续表

被解释变量	lnimport			k_im_r		l_im_r	
模型	(1)	(2)	(3)	(4)	(5)	(6)	(7)
样本	developed	developing	all	developed	developing	developed	developing
lncpop	-29.3212***	-64.7927***	-58.3487***	0.5779	-3.0191*	1.7349	5.9552***
	(9.7982)	(10.6081)	(8.7668)	(2.0455)	(1.7163)	(1.5397)	(1.5895)
wto		-0.3949**	-0.3551**	0.5811	-0.0164	-0.0723	-0.0143
		(0.1560)	(0.1544)	(1.3330)	(0.0300)	(0.9955)	(0.0317)
fta	-0.0839	-0.4342***	-0.4192***	-0.0367	0.0082	-0.0684***	0.0251
	(0.1226)	(0.1197)	(0.0945)	(0.0268)	(0.0158)	(0.0168)	(0.0182)
lndistw	1.5116***	-0.1418	-1.6199***	-0.0547	0.2121	-0.0226	-1.2417***
	(0.4160)	(0.4010)	(0.2563)	(0.1171)	(0.1978)	(0.0849)	(0.3401)
comlang	-7.4524***	2.7237***	1.1171**	-0.3529	0.8951**	0.0118	-0.2317***
	(1.6325)	(0.5398)	(0.4870)	(0.3359)	(0.4386)	(0.2505)	(0.0647)
contig	1.4992***	0.1759	-1.0559***		0.2601		0.4752**
	(0.5531)	(0.4158)	(0.1732)		(0.4517)		(0.2253)
Constant	556.5997***	1.2e+03***	1.1e+03***	-8.8564	57.1910*	-32.4712	1.0e+02***
	(189.3104)	(205.4274)	(169.7999)	(39.5405)	(33.4082)	(29.7844)	(30.7286)
N	610	2359	2969	609	2414	609	2415

注：括号内为稳健性标准误，***、**、*分别表示在1%、5%、10%的水平显著。

表6-30研究结果表明，中国境外经贸合作区对发展中国家和发达国家进口贸易规模影响的系数均显著为负，发达国家境外经贸合作区对中国进口贸易规模影响的系数的绝对值大于发展中国家；而且，境外经贸合作区与东道国是否为发达国家交互项，对中国对东道国进口贸易影响的系数显著为负。因此，中国境外经贸合作区对中国从发达国家进口贸易规模的减少效应大于发展中国家。境外经贸合作区对中国从发展中国家资本密集型产品的进口贸易具有显著的促进作用，对中国从发达国家劳动密集型产品的进口贸易具有显著的降低作用。其原因可能为：中国在发达国家建立的境外经贸合作区，主要吸引中国企业整体迁移到东道国进行水平型直接投资，直接利用东道国的生产要素进行生产。然而，由于近年来中国国内

劳动力成本的上升以及资源环境的约束，中国在发展中国家建立境外经贸合作区主要吸引中国企业将部分生产环节转移到东道国，利用东道国的劳动力成本和矿产、农业资源等廉价的生产要素进行垂直型直接投资。因此，境外经贸合作区对中国从发达国家进口贸易的减少作用较大。

中国与发展中国家具有较为相似的需求结构。中国在发展中国家建立的境外经贸合作区通过吸引中国企业在东道国生产，服务于东道国本地市场，并且以反向出口的方式服务中国市场。同时，中国在东道国所建立的境外经贸合作区有助于改善双边间的政治关系，促进双边间的互联互通，降低贸易成本，从而导致劳动密集型行业更容易受益，先行把握"积极扩大进口"的发展机遇，最大程度实现中国进口规模的扩张。因此，中国在东道国建立的境外经贸合作区对中国从发展中国家进口的资本与劳动密集型产品具有促进作用。

一方面，中国在发达国家建立的境外经贸合作区主要吸引中国企业到东道国进行水平型直接投资，而且中国与发达国家的产品需求结构相差较大。另一方面，中国在发达国家境外经贸合作区的建立有助于改善双边政治关系，而双边政治关系的改善将减少因市场失灵而造成的信息不对称（Visser，2019），增强双边消费者对双边贸易产品或技术的认可度和美誉度。对于东道国出口企业而言，其为维护良好的产品声誉，将会坚决杜绝不符合中国进口标准的产品的出口，进而在一定程度上降低了中国企业从东道国进口贸易规模。因此，境外经贸合作区减少了中国从发达国家资本和劳动密集型产品的进口贸易。

2. "一带一路"沿线国家和其他国家的异质性检验

由于"一带一路"沿线国家和地区与其他国家和地区经济发展水平、政治状况、社会制度存在差异，境外经贸合作区对中国进口贸易的影响在"一带一路"沿线国家（地区）和其他国家（地区）之间可能存在差异。因此，根据中国"一带一路"官网关于"一带一路"沿线国家和地区的界定标准，本章分别对"一带一路"沿线国家（地区）和其他国家采用面板固定效应方法，进行了分样本回归。结果如表6-31所示。其中，belt_ road、other 和 all 分别为"一带一路"沿线国家和地区样本、其他国家和地区样本以及全部样本。

表6-31 境外经贸合作区与中国对外进口贸易:"一带一路"沿线国家和其他国家

被解释变量	lnimport			k_im_r		l_im_r	
模型	(1)	(2)	(3)	(4)	(5)	(6)	(7)
样本	belt_road	other	all	belt_road	other	belt_road	other
TC	-0.1666*	-0.6965***	-0.2599***	0.0206**	0.0243	-0.0114	0.1558***
	(0.0876)	(0.1541)	(0.0865)	(0.0103)	(0.0230)	(0.0162)	(0.0429)
tc_road			-0.0436				
			(0.1210)				
belt_road			2.0320***				
			(0.3205)				
lngdp	1.9162***	0.8341	1.7153***	-0.0448	0.0975	-0.0526*	-0.1738**
	(0.2292)	(0.5808)	(0.2125)	(0.0331)	(0.0841)	(0.0282)	(0.0783)
lncgdp	4.5558***	4.8521***	4.7561***	0.0961	0.1269	-0.2030**	-0.3477**
	(0.5329)	(1.0903)	(0.4983)	(0.0795)	(0.1913)	(0.0829)	(0.1563)
lnpop	-1.0929***	2.4486*	-0.6270**	0.0408	0.0447	-0.0408	0.0904
	(0.2516)	(1.2929)	(0.2669)	(0.0458)	(0.1777)	(0.0423)	(0.1635)
lncpop	-56.7876***	-62.4567***	-59.3381***	-1.8171	-3.6118	4.0563***	6.2150**
	(9.2018)	(19.4539)	(8.7058)	(1.3892)	(3.4841)	(1.4425)	(2.7731)
wto	-0.3541**	6.7448	-0.3471**	-0.0138	-0.1517	-0.0136	-0.0199
	(0.1533)	(4.6198)	(0.1540)	(0.0297)	(0.6755)	(0.0314)	(0.1486)
fta	-0.3768***	-0.6127***	-0.4215***	0.0111	-0.0966**	0.0052	-0.0583**
	(0.0999)	(0.2167)	(0.0944)	(0.0138)	(0.0396)	(0.0152)	(0.0248)
lndistw	-0.8491***	6.4548	-0.7541***	-0.2652***	0.1987	-0.0993***	-0.7028**
	(0.1208)	(4.2980)	(0.2333)	(0.0137)	(0.4031)	(0.0166)	(0.3188)
comlang	2.2791***		2.2145***	0.3294***	0.9609	-0.1847***	
	(0.2717)		(0.5161)	(0.0344)	(1.1345)	(0.0319)	
contig	0.1821	9.3180**	-0.3092	-0.1508**	-0.6465	0.0713	-0.4323
	(0.3866)	(3.9813)	(0.1897)	(0.0641)	(0.6430)	(0.0669)	(0.4245)
Constant	1.0e+03***	1.1e+03***	1.1e+03***	38.4179	67.8032	-76.1117***	-1.1e+02**
	(178.5165)	(375.8278)	(168.6580)	(26.8836)	(66.2612)	(27.9374)	(52.8912)
N	2026	943	2969	2049	974	2049	975

注:括号内为稳健性标准误,***、**、*分别表示在1%、5%、10%的水平显著。

表6-31第（1）—（3）列研究结果表明，境外经贸合作区对中国进口贸易的影响在"一带一路"沿线国家和地区以及其他国家和地区的估计系数均显著为负，而且"一带一路"沿线国家和地区境外经贸合作区的系数绝对值大于其他国家和地区，境外经贸合作区与东道国是否为"一带一路"沿线国家和地区的交互项系数为负，但不显著；该研究结果表明境外经贸合作区显著减少了中国对"一带一路"沿线国家和地区以及其他国家和地区的进口贸易，在其他影响因素相同的条件下，虽然境外经贸合作区对中国从"一带一路"沿线国家和地区以及其他国家和地区的进口贸易的影响存在差异，但是不显著。

境外经贸合作区对中国资本密集型产品进口贸易的影响在"一带一路"沿线国家和地区估计系数显著为正，但在其他国家的估计系数不显著；境外经贸合作区对中国劳动密集型产品进口贸易的影响在非"一带一路"沿线国家和地区估计系数显著为正，但在其他国家的估计系数不显著。该研究结果表明在"一带一路"沿线国家和地区，中国境外经贸合作区通过吸引中国企业跨越东道国的贸易壁垒或者利用东道国的矿产资源生产资本密集型产品，在服务东道国市场的同时服务中国市场，并通过促进双边来往，增加了中国对东道国资本密集型产品的了解；而且，中国与"一带一路"沿线国家资本密集型产品需求更为相似。因此，境外经贸合作区显著促进了中国对"一带一路"沿线国家和地区资本密集型产品的进口。境外经贸合作区的建立使中国与非"一带一路"沿线国家的交流往来更加密切，对东道国的产品更加了解，从而促进中国对东道国劳动密集型产品的进口。

（三）工具变量检验

前文将解释变量滞后一期缓解了模型中境外经贸合作区与出口之间由于存在反向因果关系而造成的内生性问题。但模型中可能还存在同时影响中国到东道国建立境外经贸合作区和从东道国进口贸易的遗漏变量，而造成模型的内生性问题。因此，为了更好地解决内生性问题，本研究采用中国是否与东道国建立合作伙伴关系作为境外经贸合作区的工具变量，来重新估计上述模型。估计结果如表 6-32 所示。方程第一阶段估计结果的 F 值也均大于 10，表明不存在工具变量的弱识别问题。而中国是否与东道国建立合作伙伴关系与多种因素相关，与中国对东道国进口并不具有直接的关系，具有一定的外生性。

表 6-32　境外经贸合作区与中国对外进口贸易：工具变量检验

模型 变量	(1) lnimport	(2) k_im_r	(3) l_im_r
TC	-4.9852***	1.2239***	0.3382***
	(1.0718)	(0.2014)	(0.1128)
lngdp	1.1156***	0.1051***	0.0120***
	(0.0364)	(0.0068)	(0.0038)
lncgdp	3.7263***	0.1068	-0.3048***
	(1.1323)	(0.2078)	(0.1163)
lnpop	0.2287***	-0.1360***	-0.0203***
	(0.0692)	(0.0127)	(0.0071)
lncpop	-30.3930	-5.6718	4.1795**
	(20.2115)	(3.6836)	(2.0624)
lndistw	-0.6223***	-0.0839***	-0.0440***
	(0.1115)	(0.0208)	(0.0117)
wto	0.2293*	0.0271	0.0613***
	(0.1198)	(0.0223)	(0.0125)
fta	2.0545***	-0.2541***	-0.0985***
	(0.2683)	(0.0503)	(0.0282)
comlang	0.3933	0.3698***	-0.0493
	(0.3709)	(0.0690)	(0.0386)
contig	0.1326	-0.2300***	0.0965***
	(0.1904)	(0.0351)	(0.0196)
Constant	509.6005	116.5186	-78.3690**
	(391.9012)	(71.3840)	(39.9665)
First-F	74.92	75.51	75.55
N	2750	2791	2792

注：括号内为稳健性标准误，***、**、* 分别表示在 1%、5%、10% 的水平显著。

表 6-32 研究结果表明,中国在东道国所建立的境外经贸合作区显著减少了中国对东道国的总进口贸易,增加了中国对东道国资本密集型产品和劳动密集型产品的进口。与前文结果一致,故即使加入模型中可能存在的内生性因素,本研究的结果依然稳健。

(四)稳健性检验

为考察估计结果的稳健性,这里根据 OECD(2009)关于"避税天堂"国家和地区的认定标准剔除了"避税天堂"国家和地区,重新对上述模型进行估计,估计结果如表 6-33 所示。表 6-33 估计结果与前文一致。因此,这里的估计结果具有稳健性。

表 6-33 境外经贸合作区与中国对外进口贸易:去掉"避税天堂"

模型 变量	(1) lnimport	(2) k_im_r	(3) l_im_r
TC	-0.2661***	0.0189**	0.0014
	(0.0814)	(0.0095)	(0.0149)
lngdp	2.0562***	0.0184	-0.0430
	(0.2126)	(0.0313)	(0.0264)
lncgdp	4.6078***	0.1156	-0.2907***
	(0.4800)	(0.0715)	(0.0710)
lnpop	-0.7077***	0.0476	0.0099
	(0.2695)	(0.0471)	(0.0413)
lncpop	-59.4293***	-2.8006**	5.1505***
	(8.3811)	(1.2614)	(1.2402)
lndistw	-1.9911***	-0.0977***	-0.0110
	(0.2531)	(0.0373)	(0.0300)
wto	-0.3165**	-0.0026	0.0108
	(0.1476)	(0.0330)	(0.0342)
fta	-0.4237***	-0.0102	-0.0068
	(0.0943)	(0.0144)	(0.0138)
comlang	4.1345***	0.2397***	-0.2410***
	(0.5916)	(0.0829)	(0.0658)

续表

模型 变量	（1） lnimport	（2） k_im_r	（3） l_im_r
contig	-3.4814*** (0.4008)	-0.2883*** (0.0635)	0.1646*** (0.0521)
Constant	1.1e+03*** (162.4146)	55.4501** (24.3732)	-98.3379*** (23.9797)
N	2617	2644	2645

注：括号内为稳健性标准误，***、**分别表示在1%、5%的水平显著。

三、结论与启示

在"逆全球化"思潮愈演愈烈，世界贸易摩擦日益加剧，全球所面临的经济不确定因素增加的背景下，本书基于中国2001—2017年的境外经贸合作区和对外进口贸易数据，构建贸易引力模型，在分析境外经贸合作区对进口贸易影响机制的基础上，实证检验了境外经贸合作区对中国对外进口贸易规模和对外贸易进口结构的异质性影响。

研究结果表明，中国在东道国建立的境外经贸合作区使中国企业直接利用东道国的资源进行生产，不需要从东道国进口中间品和资源而在中国本土进行生产，从而显著减少了中国对东道国的总进口贸易。中国在东道国建立境外经贸合作区主要原因为吸引中国企业到东道国进行直接投资从而跨越东道国资本密集型产品的贸易壁垒，生产资本密集型产品来服务于东道国市场和全球其他市场，并以进口的方式服务于中国本土市场。故境外经贸合作区显著增加了中国从东道国资本密集型产品的进口，而对中国劳动密集型产品进口贸易的影响不显著。境外经贸合作区的建立对中国进口贸易的影响具有国家异质性。境外经贸合作区对中国从发展中国家资本密集型产品的进口贸易具有显著的促进作用，对中国从发达国家劳动密集型产品的进口贸易具有显著的降低作用。境外经贸合作区显著减少了中国对"一带一路"沿线国家和地区以及其他国家和地区的进口贸易。在其他影响因素相同的条件下，虽然境外经贸合作区对中国从"一带一路"沿线国家和地区以及其他国家和地区的进口贸易的影响存在差异，但是不显著。境外经贸合作区的建立显著增加了中国从"一带一路"沿线国家资本密集型产品的进口以及从其他国家劳动密集型产品的进口。本研究通过剔除"避税天堂"国家和地区的样本以及采用中国与东道国是否为战略伙伴关系为工具变量，上述结论依然成立。可见，本书估计结果具有稳健性。

上述结果证实了中国境外经贸合作区合作方式更加灵活，能够充分依托两国政府间的政治外交关系，加强双边间沟通交流，以及吸引中国企业到东道国进行直接投资而影响中国进口贸易。本研究结论对于在新发展格局下中国实施高水平对外开放、积极扩大进口、促进对外贸易平衡发展具有重要的政策启示。第一，尽管境外经贸合作区减少了中国整体的进口规模，但促进了中国资本密集型产品的进口规模。在中国面临资源约束日趋严重的背景下，境外经贸合作区对于保障中国生产的资源需求，利用全球资源要素，促进国内供给体系质量提升，畅通国内大循环，构建国际大循环促进国内大循环的良性循环体系具有重要意义。为此，中国应持续推进中国境外经贸合作区的建设，更好地发挥境外经贸合作区在国内国际双循环中的重要作用。第二，目前境外经贸合作区对中国从发达国家进口的影响尚不明显。应积极布局中国在发达国家的境外经贸合作区。一方面，可以通过进口发达国家的资本密集型产品实现技术溢出，促进中国的创新。另一方面，通过进口发达国家的劳动密集型产品，促进中国国内消费升级。

第七章　研究结论与政策建议

第一节　基本结论

在"逆全球化"的思潮愈演愈烈、单边保护主义不断蔓延、国际经贸摩擦加剧的背景下，全球经济发展所面临的不确定性日益增加。全球经贸合作的外部环境更加复杂，中国参与全球经贸合作面临新的风险和不确定性。境外经贸合作区作为中国企业在"走出去"和参与世界经贸规则构建探索中形成的经贸合作新方式，已成为中国"一带一路"建设的重要承接点，中国参与全球制造业价值链分工、畅通国内国际"双循环"的重要枢纽，是中国稳外资稳外贸的重要压舱石。在当前保护主义和反全球化思潮泛起的背景下，本章探究了境外经贸合作区的贸易畅通效应及可持续发展。

本章研究发现：境外经贸合作区本质上不仅是以产业园区为形式的一种境外直接投资方式，在一定程度上也是一种区域合作方式，与当代国际经贸规则的新趋势和"一带一路"倡议"共商、共享、共建"的原则相契合。中国境外经贸合作区经历了自主自发建设、政府主导和企业申办、政府扶持三个阶段，目前中国境外经贸合作区建设已取得了显著发展成效。尤其是2013年中国"一带一路"倡议的提出，中国境外经贸合作区进入了快速发展阶段。根据商务部统计，截至2022年底，中国已建成境外经贸合作区200多家，其中近七成分布在"一带一路"沿线国家和地区，有力促进了双边互利共赢、共同发展。中国境外经贸合作区主要分布于发展中国家和地区；投资主体以民营企业为主，投资类型以农业产业型为主，科技研发型较少，主要投资动机为开拓东道国市场和利用东道国资源。在构建新发展格局背景下，随着中国新一轮对外开放深入推进，中国境外经贸合作区将迎来良好发展机遇。但是，同时也存在以下问题：发展水平普遍较低，园内企业入驻率低；科技研发型园区较少，带动母国产业结构升级效应不明显；东道国土地开发不顺畅，配套支持不足；东道国投资环境不稳定，投资风险较大，资金和政策支持不足等。

境外经贸合作区具有促进中国双向直接投资的载体功能和集聚效应，通过降低东道国地缘政治风险、双边优惠政策支持、弥补东道国基础设施不足、促进双边民心相通、增强双边政治外交关系等途径影响中国与东道国之间的双边直接投资。境外经贸合作区通过投资引致效应和区域合作效应影响双边之间的对外进出口贸易规模和贸易结构。

本章基于中国省级层面和跨国层面面板数据，证实了境外经贸合作区对中国贸易畅通的异质性影响。

境外经贸合作区对中国贸易畅通的影响的省级层面的证据表明：境外经贸合作区对各省对外直接投资具有显著的促进作用，表明各省境外经贸合作区的建立有效发挥了企业"走出去"的载体和平台作用，成为各省充分利用国内和国外市场配置资源，实现产业转移和产业结构升级的重要途径。各省境外经贸合作区的建立，通过吸引各省企业到东道国投资建厂服务东道国市场而对对外出口贸易规模具有替代作用。而且，境外经贸合作区对中国各省整体对外直接投资的促进作用和对外出口贸易规模的替代作用在 2006 年之后比较显著；境外经贸合作区对各省贸易畅通的影响存在区域异质性和时间异质性。境外经贸合作区促进了中西部地区的对外直接投资，降低了中西部地区对外出口贸易规模。境外经贸合作区促进了东部地区实际利用外商直接投资，增加了东部地区的进口规模。

境外经贸合作区对中国贸易畅通影响的跨国层面的证据表明：境外经贸合作区更加灵活，能够充分依托两国政府间的政治外交关系和配套的优惠政策，以"特区"的形式有效保护企业在经济和制度水平相对落后国家的投资安全，通过弥补东道国基础设施建设不足、降低东道国不确定性风险、促进双边民心相通、弥补东道国金融发展而缓解企业融资约束等机制促进中国对外直接投资的发展；而且，境外经贸合作区对中国对外直接投资的促进作用在"一带一路"沿线国家和非"一带一路"沿线国家、发达国家和发展中国家、RCEP国家和非RCEP国家之间存在差异。

境外经贸合作区通过依靠两国之间良好的外交关系以及双边优惠政策，以及促进双边的交流往来等机制促进中国实际利用外商直接投资；而且，境外经贸合作区对中国实际利用外商直接投资的促进作用具有国家异质性和时间异质性。中国在东道国境外经贸合作区的建立，主要促进了发达国家和非"一带一路"沿线国家对中国的直接投资，境外经贸合作区对中国实际利用外商直接投资的影响在2006年之前比较显著。

境外经贸合作区降低了中国对东道国的出口贸易，促进了中国劳动密集型产品出口，降低了中国资本密集型产品出口。而且，境外经贸合作区对中国出口的影响具有异质性，中国在非"一带一路"沿线国家中和发达国家建立境外经贸合作区主要起到了跨越贸易壁垒的作用，对中国出口具有替代作用。境外经贸合作区在"一带一路"沿线国家和发展中国家中主要通过品牌效应而带动中国劳动密集型产品出口。

境外经贸合作区使中国企业直接利用东道国的资源进行生产，减少了原有在中国本地生产所需的资源和中间品，从而显著减少了中国从东道国的进口贸易。境外经贸合作区促进了中国资本密集型产品的进口，降低了中国劳动密集型产品进口。境外经贸合作区对中国进口贸易的影响在"一带一路"沿线国家和非"一带一路"沿线国家、发达国家和发展中国家的影响具有异质性。境外经贸合作区增加了中国对发展中国家资本密集型产品的进口，降低了对中国对发达国家劳动密集型产品的进口。境外经贸合作区增加了中国从"一带一路"沿线国家资本密集型产品的进口以及从非"一带一路"沿线国家劳动密集型产品的进口。

上述结果证实了中国境外经贸合作区合作方式更加灵活，能够充分依托两国政府间的政治外交关系，加强双边间沟通交流，促进中国与东道国之间的贸易畅通。为了进一步有效发挥境外经贸合作区在中国贸易畅通中的作用，促进境外经贸合作区的可持续发展，中国应继续加强境外经贸合作区建设，以中国境外经贸合作区高质量发展为基本方向，以促进中国贸易畅通、中国外贸强国建设和经济高质量发展为目标，以"政府为主导、企业为主体、市场化运作"为原则，从企业层面和政府层面，构建了新发展格局背景下中国境外经贸合作区可持续发展的政策促进体系和具体路径。

第二节 政策建议

基于中国境外经贸合作区发展现状的典型事实和中国关于境外经贸合作区的建设目标，以及境外经贸合作区对中国贸易畅通影响的理论与实证分析，结合中国经济发展状况和全球经济社会发展环境，本研究以联合国《2030年可持续发展议程》为依据，遵循"政府为主导、企业为主体、市场化运作"的原则，以中国境外经贸合作区高质量发展为基本方向，以促进中国贸易畅通、中国外贸强国建设和经济高质量发展为目标，提出以下构建新发展格局背景下中国境外经贸合作区可持续发展的政策促进体系和具体路径。

一、企业层面

（一）提高企业跨国经营能力，加强企业可持续发展能力建设

提升学习能力，熟悉东道国投资环境和政策，提高园区主体企业的管理和服务水平。加强企业经营风险防范，营造良好的投资环境。依据东道国市场需求和资源禀赋，合理定位合作区产业方向、功能、土地和基础设施开发以及盈利模式。提高入驻企业环境标准，建设绿色低碳型合作区。主动履行企业社会责任，构建"中国政府—园区企业—东道国政府"三位一体利益共同体，带动母国和东道国经济、环境和社会的可持续发展，推动构建人类命运共同体。

（二）推动合作区数字化建设，助力园区"云招商"

在以信息技术为代表的新科技革命的推动下，全球数字经济蓬勃发展，成为产业转型和经济增长的重要动力，未来数字产业的崛起和产业的数字化转型将成为全球趋势。境外经贸合作区投资主体也应顺应全球数字经济发展趋势，加强数字化建设。一是提升园区数字化管理服务水平，利用大数据技术，搭建广阔的"云招商"信息平台，有针对性地举办线上投资推介、磋商、对接、研讨等会议，提升"云招商"效果，实现有效招商对接。二是推进跨境电商企业"走出去"，共同推动海外仓建设，探索合作区与跨境电商综合试验区联动发展的新模式，构建跨国数字化产业链供应链。

（三）加强跨国经营创新引领型人才队伍建设

明确跨国经营人才能力素质标准，依托"中原英才计划"等平台，构建高效灵活的人才引进、培养、评价、激励和保障体系。深化政企合作、校企合作，依托高校和科研院所建立高端智库，并制订和实施相应的人才培养方案，为中国境外经贸合作区发展提供人才和决策咨询服务。充分发挥行业协会、培训机构、咨询公司等第三方组织在人才培育中的作用，形成多样化的创新引领型人才培育体系。

（四）推动境外经贸合作区均衡发展

目前，境外经贸合作区省级和国家层面均存在分布不均衡的现象。为了促进中国区域经济均衡发展以及创新型国家建设，一方面，各地区企业应积极开拓海外市场，到东道国进行境外经贸合作区建设，使其成为各省企业国际化布局的组织平台，有秩序地转移国内优势产能，利用合作区实现国内产业腾笼换鸟，缓解新旧动能转换带来的不确定性冲击，并为新兴产业腾出发展的空间和时间。另一方面，企业应加快到发达国家境外经贸合作区建设的布局，推动技术寻求与创新开发动机的企业"走出去"，通过跨国公司的技术溢出效应，提升中国的技术创新能力。

二、政府层面

境外经贸合作区被商务部作为中国"一带一路"建设的重要承接点，

以及新时期中国对外开放和构建利益和命运共同体的重要载体，已经有效发挥了中国与世界各国贸易畅通的重要作用，成为中国充分利用国内和国外市场配置资源，实现产业转移和产业结构升级的重要途径。中国政府应采取多重措施，推动中国境外经贸合作区高质量发展。

（一）加强政治保障，深化与"一带一路"沿线国家的双边合作

中国境外经贸合作区主要位于经济比较落后的"一带一路"沿线国家，而且，其对中国向这些国家投资的促进作用更大。然而，这些国家地缘政治状况复杂，法律、制度不健全，主权信用风险大，经营环境不稳定，规划协调对接困难多，贸易投资风险高；需要双边开展政治、经济、文化等多方面、深层次的合作，协调内容多，涉及范围广。因此，应深化与"一带一路"沿线国家的双边合作，借鉴中国—新加坡苏州工业园区等境外经贸合作区建设经验，从政府间协调机构、管委会和开发运营企业三个方面发力，构建和健全高效务实的双边政策保障和磋商机制，提升合作区建设话语权，为园区发展提供坚实的政治保障。

（二）加强规划和指导，鼓励科技研发型园区建设

根据合作区发展的基本规律，对境外经贸合作区进行产业规划和指导。坚持以创新为核心的新发展理念，深入实施创新驱动发展战略。打造境外科技创新平台，加大对科技研发型境外经贸合作区的政策支持力度。推动合作区数字化建设，加强数字技术的融合应用。

（三）搭建信息共享平台，推动合作区企业协同发展

一是与东道国政府合作，建立信息共享平台和预警系统。通过对公共信息的收集、提示风险预警信息和信息交流畅通三种信息共享方式，及时公布具有公共价值的信息，正确评估企业的生存环境。二是搭建信息交流平台，推动合作区企业协同发展。成立合作区发展协会，定期开展合作区发展研讨会，推动企业间合作，在化解企业同质化竞争同时，实现合作区协同联动发展。

（四）构建"三位一体"政策保障体系

以"政府为主导、企业为主体、市场化运作"为原则，构建"三位一

体"的政策保障体系。提高电子政务效率，打造数字型和服务型政府，提高政府的服务水平。完善法律法规，构建协同联动的政策机制，发挥市场的主导作用，简化行政审批，深化"放管服"改革，为企业"走出去"提供便利化条件。从人才、土地、财税、金融等方面完善政策配套体系。创新金融支持政策，探索外保内贷新模式。推动国内金融机构设立海外分支机构，统筹利用丝路基金和亚投行资金，盘活境外资产，缓解园区融资约束，赋能合作区转型升级。

参考文献

[1] 蔡昉,都阳. 工资增长、工资趋同与刘易斯转折点 [J]. 经济学动态,2011,607 (9):9-16.

[2] 蔡昉. 人口转变、人口红利与刘易斯转折点 [J]. 经济研究,2010,45 (4):4-13.

[3] 陈东,秦子洋. 人工智能与包容性增长——来自全球工业机器人使用的证据 [J]. 经济研究,2022,57 (4):85-102.

[4] 陈继勇,黄蔚. 外商直接投资区位选择行为及影响因素研究 [J]. 世界经济研究,2009,184 (6):49-54.

[5] 陈继勇,雷欣,黄开琢. 知识溢出、自主创新能力与外商直接投资 [J]. 管理世界,2010,202 (7):30-42.

[6] 陈景华. 中国 OFDI 来源的区域差异分解与影响因素——基于2003—2011 年省际面板数据的实证研究 [J]. 数量经济技术经济研究,2014,31 (7):21-37.

[7] 陈梅,李磊,郑妍妍. 中间品进口与劳动力市场性别平等 [J]. 国际贸易问题,2020,445 (1):51-66.

[8] 陈绍俭,冯宗宪. 经济政策不确定性会抑制企业出口吗 [J]. 国际贸易问题,2020,447 (3):71-85.

[9] 陈彦斌,林晨,陈小亮. 人工智能、老龄化与经济增长 [J]. 经济研究,2019,54 (7):47-63.

[10] 陈胤默,孙乾坤,文雯,黄雨婷. 母国经济政策不确定性、融资约束与企业对外直接投资 [J]. 国际贸易问题,2019 (6):133-144.

[11] 崔娜, 柳春. "一带一路"沿线国家制度环境对中国出口效率的影响 [J]. 世界经济研究, 2017 (8): 38-50.

[12] 崔志新. 外商直接投资影响因素研究——基于42个国家数据的实证分析 [J]. 管理现代化, 2015, 35 (6): 16-18.

[13] 戴魁早, 方杰炜. 贸易壁垒对出口技术复杂度的影响——机制与中国制造业的证据 [J]. 国际贸易问题, 2019, 444 (12): 136-154.

[14] 戴翔, 金碚. 产品内分工、制度质量与出口技术复杂度 [J]. 经济研究, 2014, 49 (7): 4-17+43.

[15] 董雪兵, 潘登, 池若楠. 工业机器人如何重塑中国就业结构 [J]. 经济学动态, 2022, 742 (12): 51-66.

[16] 董直庆, 谭玉松, 赵贺. 人工智能技术会诱致产业逆向梯度转移吗——来自省际层面的行业经验证据 [J]. 学术月刊, 2022, 54 (8): 55-66.

[17] 段文奇, 刘晨阳. 贸易便利化、企业异质性与多产品企业出口 [J]. 国际贸易问题, 2020 (5): 72-88.

[18] 范子英, 田彬彬. 出口退税政策与中国加工贸易的发展 [J]. 世界经济, 2014 (4): 49-68.

[19] 方志斌, 薛伟, 刘海洋. "走出去"企业在中国境外经贸合作区的税收风险分析 [J]. 税务研究, 2022, 451 (8): 88-93.

[20] 冯维江, 姚枝仲, 冯兆一. 开发区"走出去": 中国埃及苏伊士经贸合作区的实践 [J]. 国际经济评论, 2012 (2): 153-170.

[21] 冯志艳, 黄玖立. 土地成本与外商直接投资 [J]. 世界经济文汇, 2020, 257 (4): 47-66.

[22] 高连和. 中国在非境外经贸合作区升级的困境应对及风险防范 [J]. 国际贸易, 2021 (3): 11-18.

[23] 高运胜, 康雯雯, 景瑞琴. 中国民营农业企业"走出去"新模式探析——基于全产业链投资视角 [J]. 农业经济与管理, 2021, 65 (1): 58-68.

［24］宫汝凯．转型背景下的政策不确定性与中国对外直接投资［J］．财经研究，2019，45（8）：98－111．

［25］龚静，尹忠明．产业转型升级对中国对外直接投资的影响研究——基于两步系统GMM估计的动态面板模型分析［J］．国际商务（对外经济贸易大学学报），2019（4）：71－84．

［26］龚梦琪，刘海云，姜旭．中国低碳试点政策对外商直接投资的影响研究［J］．中国人口·资源与环境，2019，29（6）：50－57．

［27］谷本正幸，王雅琦．中国不再是日本对外直接投资首选地［J］．国际经济评论，2014，110（2）：175－176．

［28］谷克鉴，程诺，蒋灵多．经济政策不确定性与多产品企业出口调整［J］．中南财经政法大学学报，2018，230（5）：123－131＋140．

［29］顾雪松，韩立岩，周伊敏．产业结构差异与对外直接投资的出口效应——"中国—东道国"视角的理论与实证［J］．经济研究，2016，51（4）：102－115．

［30］郭建万，陶锋．集聚经济、环境规制与外商直接投资区位选择——基于新经济地理学视角的分析［J］．产业经济研究，2009，41（4）：29－37．

［31］韩剑．垂直型和水平型对外直接投资的生产率门槛——基于中国企业层面微观数据的研究［J］．中国经济问题，2015（3）：38－50．

［32］韩永辉，王贤彬，韦东明，况丽文．双边投资协定与中国企业海外并购——来自准自然实验的证据［J］．财经研究，2021，47（4）：33－48．

［33］何菊香，赖世茜，廖小伟．互联网对中国贸易的影响——基于29个省市的空间动态效应实证分析［J］．北京邮电大学学报（社会科学版），2015，17（4）：56－62．

［34］何兴强，王利霞．中国FDI区位分布的空间效应研究［J］．经济研究，2008，43（11）：137－150．

［35］何勇，陈新光．互联网影响国际贸易的理论与实证研究［J］．

经济经纬,2015,32(4):54-60.

[36] 贺培,封肖云,林发勤.中国对外直接投资如何影响出口——基于目的地"建设许可"工具变量的研究[J].中央财经大学学报,2017,354(2):110-119.

[37] 洪联英,张云.中国境外经贸合作区建设与企业"走出去"战略[J].国际经贸探索,2011(3):48-54.

[38] 胡江云,赵书博,王秀哲."一带一路"构想下的境外经贸合作区研究[J].发展研究,2017(1):8-12.

[39] 黄启才.自贸试验区设立促进外商直接投资增加了吗——基于合成控制法的研究[J].宏观经济研究,2018,233(4):85-96.

[40] 黄益平.对外直接投资的"中国故事"[J].国际经济评论,2013,103(1):20-33.

[41] 黄志勇,万祥龙,许承明.金融发展对我国对外直接投资的影响——基于省级面板数据的实证分析[J].世界经济与政治论坛,2015,308(1):122-135.

[42] 贾玉成,张诚.经济周期、经济政策不确定性与跨国并购:基于中国企业跨国并购的研究[J].世界经济研究,2018(5):65-79.

[43] 蒋冠宏,蒋殿春.中国企业对外直接投资的"出口效应"[J].经济研究,2014,49(5):160-173.

[44] 蒋冠宏,张馨月.金融发展与对外直接投资——来自跨国的证据[J].国际贸易问题,2016(1):166-176.

[45] 蒋冠宏.制度差异、文化距离与中国企业对外直接投资风险[J].世界经济研究,2015(8):37-47.

[46] 蒋伟.中国外商直接投资区位决定:基于"第三方效应"的空间计量分析[J].世界经济研究,2012,215(1):75-80.

[47] 雷欣,陈继勇.技术进步、研发投入与外商直接投资的区位选择[J].世界经济研究,2012,222(8):62-67.

[48] 李丹,陈友庚.对外援助与中国境外经贸合作区建设[J].开

放导报，2015（1）：51-53.

[49] 李祜梅，邬明权，牛铮，等.1992—2018年中国境外产业园区信息数据集[J].中国科学数据（中英文网络版），2019，4（4）：68-78.

[50] 李怀建，沈坤荣.出口产品质量的影响因素分析——基于跨国面板数据的检验[J].产业经济研究，2015，79（6）：62-72.

[51] 李嘉楠，龙小宁，张相伟.中国经贸合作新方式——境外经贸合作区[J].中国经济问题，2016（6）：64-81.

[52] 李江辉，王立勇，郭蓝.人力资本与外商直接投资：来自中国省际面板数据的经验证据[J].宏观经济研究，2019，244（3）：134-146.

[53] 李捷瑜，李杰，王兴棠.出口网络能促进对外直接投资吗——基于中国的理论与经验分析[J].国际贸易问题，2020（5）：102-116.

[54] 李俊久，丘俭裕，何彬.文化距离、制度距离与对外直接投资——基于中国对"一带一路"沿线国家OFDI的实证研究[J].武汉大学学报（哲学社会科学版），2020，73（1）：120-134.

[55] 李俊青，苗二森.不完全契约条件下的知识产权保护与企业出口技术复杂度[J].中国工业经济，2018，369（12）：115-133.

[56] 李可.中国境外经贸合作区建设对东道国经济的影响研究[J].营销界，2019（46）：21-46.

[57] 李磊，白道欢，冼国明.对外直接投资如何影响了母国就业？——基于中国微观企业数据的研究[J].经济研究，2016，51（8）：144-158.

[58] 李鲁，赵方.中国园区经济的国际认知与新使命[J].改革，2017（7）：119-127.

[59] 李猛，于津平.中国反倾销跨越动机对外直接投资研究[J].财贸经济，2013，377（4）：76-88+49.

[60] 李蕊，敖译雯，李智轩.自由贸易区设立对外商直接投资影响的准自然实验研究[J].世界经济研究，2021，330（8）：91-106.

[61] 李晓敏，李春梅.东道国制度质量对中国对外直接投资的影

响——基于"一带一路"沿线国家的实证研究 [J]. 东南学术, 2017 (2): 119-126.

[62] 李喆, 冼国明, 李健. 境外经贸合作区双边经贸效应分析——基于双重差分方法的检验 [J]. 亚太经济, 2022 (3): 99-108.

[63] 李志远, 刘丹, 方枕宇. 外资准入政策和外商直接投资的流入——一个准自然实验的证据 [J]. 中国经济问题, 2022, 330 (1): 45-60.

[64] 李子, 杨坚争. 跨境电子商务对进出口贸易影响的实证分析 [J]. 中国发展, 2014, 14 (5): 37-42.

[65] 李自国. "一带一路" 愿景下民心相通的交融点 [J]. 新疆师范大学学报 (哲学社会科学版), 2016, 37 (3): 67-74.

[66] 连慧君, 魏浩. 进口竞争是否影响了中国企业出口? [J]. 世界经济文汇, 2023, 273 (2): 48-69.

[67] 梁军, 从振楠. 城市群扩容能否提高外商直接投资强度? ——来自长三角的准自然实验 [J]. 世界经济与政治论坛, 2020, 341 (4): 137-155.

[68] 梁育填, 周克杨, 张家熙, 曾佳琪. 中国境外经贸合作区的 "园中园" 发展模式与案例研究 [J]. 地理科学, 2021, 41 (6): 980-988.

[69] 林梦瑶, 张中元. 区域贸易协定中竞争政策对外商直接投资的影响 [J]. 中国工业经济, 2019, 377 (8): 99-117.

[70] 林正静. 中间品贸易自由化与中国制造业企业出口产品质量升级 [J]. 国际经贸探索, 2019, 35 (2): 32-53.

[71] 刘洪愧. "一带一路" 境外经贸合作区赋能新发展格局的逻辑与思路 [J]. 改革, 2022, 336 (2): 48-60.

[72] 刘洪愧. 不确定冲击下中国企业出口能力研究 [J]. 经济研究, 2022, 57 (10): 103-120.

[73] 刘金焕, 万广华. 环境规制是否抑制了外商直接投资的流入?

[J]. 经济与管理研究, 2021, 42 (11): 20-34.

[74] 刘莉亚, 何彦林, 王照飞, 程天笑. 融资约束会影响中国企业对外直接投资吗? ——基于微观视角的理论和实证分析 [J]. 金融研究, 2015 (8): 124-140.

[75] 刘玮, 马玉秀. 出口信用保险对我国出口贸易的空间效应分析——基于省际空间面板的实证检验 [J]. 国际商务 (对外经济贸易大学学报), 2018 (4): 98-108.

[76] 刘小川, 高蒙蒙. 税收负担、制度环境与外商直接投资流动——基于不对称国际税收竞争视角 [J]. 财贸经济, 2020, 41 (10): 65-78.

[77] 刘志忠, 陈果. 环境管制与外商直接投资区位分布——基于城市面板数据的实证研究 [J]. 国际贸易问题, 2009, 315 (3): 61-69.

[78] 刘竹青, 佟家栋. 内外经济政策不确定对中国出口贸易及其发展边际的影响 [J]. 经济理论与经济管理, 2018, 331 (7): 16-30.

[79] 龙小宁. 西方国家"非市场经济地位"标准及"双反"研究 [M]. 北京: 科学出版社, 2021.

[80] 卢进勇, 裴秋蕊. 境外经贸合作区高质量发展问题研究 [J]. 国际经济合作, 2019 (4): 43-55.

[81] 鲁晓东, 刘京军. 不确定性与中国出口增长 [J]. 经济研究, 2017, 52 (9): 39-54.

[82] 路红艳. 中国境外经贸合作区发展的经验启示 [J]. 对外经贸, 2013 (10): 7-10.

[83] 罗伟, 葛顺奇. 中国对外直接投资区位分布及其决定因素——基于水平型投资的研究 [J]. 经济学 (季刊), 2013, 12 (4): 1443-1464.

[84] 罗长远, 张军. 转型时期的外商直接投资: 中国的经验 [J]. 世界经济文汇, 2008, 182 (1): 27-42.

[85] 马光荣, 程小萌, 杨恩艳. 交通基础设施如何促进资本流动——基于高铁开通和上市公司异地投资的研究 [J]. 中国工业经济, 2020 (6):

5-23.

［86］马述忠，王笑笑，张洪胜．出口贸易转型升级能否缓解人口红利下降的压力［J］．世界经济，2016（7）：121-143.

［87］毛其淋，盛斌．贸易自由化与中国制造业企业出口行为："入世"是否促进了出口参与？［J］．经济学（季刊），2014，13（2）：647-674.

［88］裴长洪．中国推动建设开放型世界经济的实践与理论［J］．国外社会科学，2022，353（5）：4-17.

［89］祁欣，杨超．境外经贸合作区建设若干问题探讨与建议［J］．国际贸易，2018（6）：30-33.

［90］钱学锋．企业异质性、贸易成本与中国出口增长的二元边际［J］．管理世界，2008（9）：54-62+72+193.

［91］任会明，叶明确，余运江．中国碳市场建设对外商直接投资的影响研究［J］．中国经济问题，2022，335（6）：178-192.

［92］桑百川．外商直接投资动机与中国营商环境变迁［J］．国际经济评论，2019，143（5）：34-43.

［93］桑百川．我国外商直接投资的变迁与前景展望［J］．中国流通经济，2021，35（11）：112-119.

［94］盛斌，毛其淋．进口贸易自由化是否影响了中国制造业出口技术复杂度［J］．世界经济，2017，40（12）：52-75.

［95］盛丹，包群，王永进．基础设施对中国企业出口行为的影响："集约边际"还是"扩展边际"［J］．世界经济，2011（1）：19-38.

［96］施炳展，邵文波．中国企业出口产品质量测算及其决定因素——培育出口竞争新优势的微观视角［J］．管理世界，2014（9）：90-106.

［97］施炳展．互联网与国际贸易——基于双边双向网址链接数据的经验分析［J］．经济研究，2016，51（5）：172-187.

［98］石静霞．国际贸易投资规则的再构建及中国的因应［J］．中国社会科学，2015（9）：128-145.

［99］史贝贝，冯晨，康蓉．环境信息披露与外商直接投资结构优化

[J]．中国工业经济，2019，373（4）：98-116．

[100] 宋洋洋，徐永其，郭嘉伟．"一带一路"背景下境外经贸合作区对中国企业直接投资的影响[J]．江苏商论，2021（11）：51-54．

[101] 苏莉，黄新飞．遗传距离与中国的对外直接投资：友好交流的重要性[J]．当代财经，2019（7）：96-106．

[102] 孙楚仁，陈瑾．经济发展与中国城市出口多元化[J]．世界经济研究，2017（6）：91-108+137．

[103] 孙楚仁，陈思思，张楠．集聚经济与城市出口增长的二元边际[J]．国际贸易问题，2015（10）：59-72．

[104] 孙楚仁，梁晶晶，徐锦强，等．对非援助与中国产品出口二元边际[J]．世界经济研究，2020，312（2）：3-18+135．

[105] 孙俊成，程凯．双边政治关系，产品质量与出口行为[J]．世界经济研究，2020（7）：90-104．

[106] 孙浦阳，韩帅，靳舒晶．产业集聚对外商直接投资的影响分析——基于服务业与制造业的比较研究[J]．数量经济技术经济研究，2012，29（9）：40-57．

[107] 孙早，宋炜，孙亚政．母国特征与投资动机——新时期的中国需要怎样的外商直接投资[J]．中国工业经济，2014，311（2）：71-83．

[108] 唐宜红，王林．我国服务业外商直接投资的决定因素分析——基于行业面板数据的实证检验[J]．世界经济研究，2012，224（10）：75-80+89．

[109] 田巍，余淼杰．企业生产率和企业"走出去"对外直接投资：基于企业层面数据的实证研究[J]．经济学（季刊），2012，11（2）：383-408．

[110] 铁瑛，张明志，陈榕景．人口结构转型、人口红利演进与出口增长——来自中国城市层面的经验证据[J]．经济研究，2019，54（5）：164-180．

[111] 铁瑛，张明志．工资上升对中国出口贸易的影响——基于工业行

业面板数据的实证研究[J]. 国际贸易问题, 2015, 395 (11): 27-38.

[112] 汪建新. 国际多边开发银行与全球贸易增长: 以加入亚投行为例[J]. 世界经济, 2022, 45 (12): 3-28.

[113] 王碧珺, 谭语嫣, 余淼杰, 黄益平. 融资约束是否抑制了中国民营企业对外直接投资[J]. 世界经济, 2015, 38 (12): 54-78.

[114] 王缉慈. 创新的空间——企业集群与区域发展[M]. 北京: 北京大学出版社, 2001.

[115] 王珏, 李昂, 周茂. 双边政治关系距离对中国出口贸易的影响: 基于联合国大会投票数据的研究[J]. 当代财经, 2019 (1): 96-107.

[116] 王璐航, 首陈霄. 中国入世与出口增长: 关于关税不确定性影响的再检验[J]. 经济学(季刊), 2019, 18 (2): 721-748.

[117] 王淑芳, 闫语欣, 孟广文. 中国境外经贸合作区的政策移动研究——以天津经济技术开发区和中埃·泰达苏伊士经贸合作区为例[J]. 地理科学, 2022, 42 (7): 1187-1195.

[118] 王孝松, 施炳展, 谢申祥, 等. 贸易壁垒如何影响了中国的出口边际?——以反倾销为例的经验研究[J]. 经济研究, 2014 (11): 58-71.

[119] 王永钦, 董雯. 机器人的兴起如何影响中国劳动力市场?——来自制造业上市公司的证据[J]. 经济研究, 2020, 55 (10): 159-175.

[120] 王永钦, 杜巨澜, 王凯. 中国对外直接投资区位选择的决定因素: 制度、税负和资源禀赋[J]. 经济研究, 2014, 49 (12): 126-142.

[121] 韦永贵, 李红, 周菁. 友好城市是文化产品出口贸易增长的动力吗——基于PSM的实证检验[J]. 国际经贸探索, 2018, 34 (6): 19-33.

[122] 魏浩, 袁然. 全球华人网络的出口贸易效应及其影响机制研究[J]. 世界经济研究, 2020 (1): 25-40.

[123] 魏浩, 连慧君. 国际劳动力流入对美国进出口贸易影响的实证分析[J]. 国际商务(对外经济贸易大学学报), 2020, 195 (4): 1-16.

[124] 魏浩, 连慧君. 进口竞争与中国企业出口产品质量[J]. 经济学动态, 2020, 716 (10): 44-60.

［125］魏后凯，贺灿飞，王新．外商在华直接投资动机与区位因素分析——对秦皇岛市外商直接投资的实证研究［J］．经济研究，2001（2）：67－76．

［126］魏守华，王缉慈，赵雅沁．产业集群：新型区域经济发展理论［J］．经济经纬，2002（02）：18－21．

［127］武汉大学"一带一路"研究课题组．"一带一路"境外经贸合作区可持续发展研究［J］．社会科学战线，2019（6）：82－88．

［128］武晓霞，任志成，姜德波，等．产业集聚与外商直接投资区位选择：集中还是扩散？［J］．产业经济研究，2011，54（5）：26－34．

［129］冼国明，徐清．劳动力市场扭曲是促进还是抑制了FDI的流入［J］．世界经济，2013，36（9）：25－48．

［130］冼国明，杨长志．中国外商直接投资的区位决定——基于地区数据的空间计量分析［J］．世界经济研究，2009，179（1）：60－64．

［131］肖刚．中国外商直接投资区位分布的时空格局演变［J］．当代财经，2015，371（10）：97－107．

［132］肖文，韩沈超．产业结构调整速率对OFDI的静态影响与动态效应——基于2003—2013年省级面板数据的检验［J］．国际贸易问题，2016，407（11）：108－119．

［133］谢孟军．文化能否引致出口："一带一路"的经验数据［J］．国际贸易问题，2016（1）：3－13．

［134］徐国祥，张正．我国对外直接投资如何影响出口增加值——基于我国—东道国（地区）产业结构差异的视角［J］．统计研究，2020，37（10）：39－51．

［135］许和连，王海成．最低工资标准对企业出口产品质量的影响研究［J］．世界经济，2016，39（7）：73－96．

［136］许培源，王倩．"一带一路"视角下的境外经贸合作区：理论创新与实证检验［J］．经济学家，2019（7）：60－70．

［137］闫周府，李茹，吴方卫．中国企业对外直接投资的出口效

应——基于企业异质性视角的经验研究 [J]. 统计研究, 2019, 36 (8): 87-99.

[138] 严兵, 贾辉辉. 推进中国境外经贸合作区高质量发展 [N]. 中国社会科学报, 2020-05-08 (003).

[139] 严兵, 齐凡, 程敏. 中国境外经贸合作区区位选择研究——基于制度风险偏好视角 [J]. 国际商务 (对外经济贸易大学学报), 2022, 205 (2): 68-86.

[140] 严兵, 谢心获, 张禹. 境外经贸合作区贸易效应评估——基于东道国视角 [J]. 中国工业经济, 2021 (7): 119-136.

[141] 杨成钢, 曾永明. 空间不平衡、人口流动与外商直接投资的区域选择——中国 1995—2010 年省际空间面板数据分析 [J]. 人口研究, 2014, 38 (6): 25-39.

[142] 杨栋旭, 徐硕正, 魏泊宁. 经济政策不确定性与企业对外直接投资: 抑制还是促进? [J]. 当代财经, 2019 (2): 108-119.

[143] 杨宏恩, 孟庆强, 王晶, 李浩. 双边投资协定对中国对外直接投资的影响: 基于投资协定异质性的视角 [J]. 管理世界, 2016 (4): 24-36.

[144] 杨继军, 刘依凡, 李宏亮. 贸易便利化、中间品进口与企业出口增加值 [J]. 财贸经济, 2020, 41 (4): 115-128.

[145] 杨丽, 丁一, 文淑惠. 境外经贸合作区、制度禀赋与中国对"一带一路"沿线国家 OFDI [J]. 改革与战略, 2020, 36 (2): 27-38.

[146] 杨武, 李升. 税收征管不确定性与外商直接投资: 促进还是抑制 [J]. 财贸经济, 2019, 40 (11): 50-65.

[147] 杨永聪, 李正辉. 经济政策不确定性驱动了中国 OFDI 的增长吗——基于动态面板数据的系统 GMM 估计 [J]. 国际贸易问题, 2018 (3): 138-148.

[148] 叶亚杰. 制度距离视角下中国企业对外直接投资研究 [J]. 河南社会科学, 2017, 25 (6): 112-118.

[149] 易善宇, 尹溪溪. 绿色转型过程中新能源示范城市政策对中国外商直接投资的影响研究 [J]. 宏观经济研究, 2022, 288 (11): 147-163.

[150] 于津平. 汇率变化如何影响外商直接投资 [J]. 世界经济, 2007, 344 (4): 54-65.

[151] 余官胜, 范朋真, 龙文. 东道国风险、境外经贸合作区与中国企业对外直接投资进入速度——度量与跨国面板数据实证研究 [J]. 国际商务研究, 2019, 40 (2): 15-25.

[152] 余长林, 王瑞芳. 知识产权保护、东道国特征与外商直接投资: 一个跨国的经验研究 [J]. 世界经济研究, 2009, 188 (10): 59-67.

[153] 余振, 陈鸣. 贸易摩擦对中国对外直接投资的影响: 基于境外对华反倾销的实证研究 [J]. 世界经济研究, 2019, 310 (12): 108-120.

[154] 臧秦, 蔡莉. 经济政策不确定性对企业全要素生产率的影响研究 [J/OL]. 经营与管理: 1-11 [2023-02-27].

[155] 臧新, 林竹, 邵军. 文化亲近, 经济发展与文化产品的出口——基于中国文化产品出口的实证研究 [J]. 财贸经济, 2012 (10): 12-18.

[156] 泽阳, 李志远, 徐铭遥. 开发区政策、供应链参与和企业融资约束 [J]. 经济研究, 2021, 56 (10): 88-104.

[157] 詹晓宁, 李婧. 全球境外工业园区模式及中国新一代境外园区发展战略 [J]. 国际经济评论, 2021 (1): 134-154.

[158] 张德锋, 王伟, 高露华. 逆全球化背景下中国出口企业应对反倾销措施的策略 [J]. 国际贸易, 2020, 462 (6): 22-29.

[159] 张菲. 中非经贸合作区建设模式与可持续发展问题研究 [J]. 国际贸易, 2013 (3): 34-39.

[160] 张凤, 冯等田, 刘迪. 中国出口增长的四维动态结构分解及影响因素研究 [J]. 数量经济技术经济研究, 2019, 36 (9): 61-80.

[161] 张广荣. 中国境外经贸合作区发展政策探析 [J]. 国际经济合作, 2013 (2): 40-42.

[162] 张宏, 彭恂. 海外园区的建立是否促进了中国在东道国的OF-

DI? [J]. 山东社会科学, 2022, 324 (8): 105-113.

[163] 张庆君, 刘川. 东道国制度环境、金融开放水平与中国 OFDI——基于"一带一路"沿线 59 个国家的数据 [J]. 西南民族大学学报 (人文社会科学版), 2020, 41 (5): 135-144.

[164] 张述存. "一带一路"倡议下优化中国对外直接投资布局的思路与对策 [J]. 管理世界, 2017 (4): 1-9.

[165] 张相伟, 龙小宁. "一带一路"倡议下境外经贸合作区和对外直接投资 [J]. 山东大学学报 (哲学社会科学版), 2022 (4): 79-92.

[166] 张相伟, 龙小宁. 劳动力成本上升对中国对外直接投资的异质性影响 [J]. 中国经济问题, 2021, 326 (3): 160-172.

[167] 张相伟, 龙小宁. 中国境外金融机构促进了对外直接投资吗 [J]. 国际贸易问题, 2018 (9): 108-120.

[168] 张亚斌. "一带一路"投资便利化与中国对外直接投资选择——基于跨国面板数据及投资引力模型的实证研究 [J]. 国际贸易问题, 2016 (9): 165-176.

[169] 张应武, 刘凌博. 营商环境改善能否促进外商直接投资 [J]. 国际商务 (对外经济贸易大学学报), 2020, 192 (1): 59-70.

[170] 张应武, 刘凌博. 营商环境改善能否促进外商直接投资 [J]. 国际商务 (对外经济贸易大学学报), 2020, 192 (1): 59-70.

[171] 赵春明, 张群. 进口关税下降对进出口产品质量的影响 [J]. 经济与管理研究, 2016, 37 (9): 11-17.

[172] 赵果庆, 罗宏翔. 中国 FDI 空间集聚与趋势面 [J]. 世界经济研究, 2012, 215 (1): 3-8.

[173] 赵晓晨, 韩瑞, 李青. 天津民营经济的贡献及发展途径新探 [J]. 天津大学学报 (社会科学版), 2012, 14 (4): 324-328.

[174] 赵晓阳, 衣长军, 郭敏敏. 数字经济发展能否"稳外资"? [J]. 经济评论, 2023, 240 (2): 31-42.

[175] 郑会青, 庄佩芬. 中国设立境外农业合作区区位选择、运行和

发展的经济机理分析 [J]. 农业经济, 2022, 418 (2): 123-125.

[176] 郑菊芬, 韩静, 王蓉蓉. 不同区位论对产业集聚的解释 [J]. 商业文化 (学术版), 2009 (3): 107-108.

[177] 中国商务部国际贸易经济合作研究和联合国开发计划署. 中国"一带一路"境外经贸合作区助力可持续发展报告, 2019.

[178] 中国商务部国际贸易经济合作研究和联合国开发计划署. 中国"一带一路"境外经贸合作区助力可持续发展报告, 2019.

[179] 钟晓君. 服务业外商直接投资的影响因素: 理论与实证研究 [J]. 国际经贸探索, 2015, 31 (4): 52-66.

[180] 仲鑫, 陈相森. 外商直接投资区域差异及影响因素的比较研究 [J]. 统计研究, 2012, 29 (3): 54-60.

[181] 周杰琦, 夏南新. "一带一路"沿线国家投资便利化与中国对外直接投资——基于对外投资广度、深度及绩效的视角 [J]. 经济问题探索, 2021 (11): 164-178.

[182] 周晶晶, 赵增耀. 东道国经济政策不确定性对中国企业跨国并购的影响——基于二元边际的视角 [J]. 国际贸易问题, 2019 (9): 147-160.

[183] 周立. 基于"一带一路"建设的河南发展选择 [J]. 区域经济评论, 2015 (3): 78-80.

[184] 周茂, 陆毅, 杜艳, 姚星. 开发区设立与地区制造业升级 [J]. 中国工业经济, 2018 (3): 62-79.

[185] 朱瑞博, 张路. 国内经济不确定性是否抑制了外商直接投资?——基于时变参数向量自回归模型分析 [J]. 上海经济研究, 2019, 371 (8): 109-117.

[186] 庄序莹, 唐煌, 林海波. 东道国税收环境与中国企业对外直接投资区位选择 [J]. 财政研究, 2020 (5): 103-116.

[187] 宗芳宇, 路江涌, 武常岐. 双边投资协定、制度环境和企业对外直接投资区位选择 [J]. 经济研究, 2012, 47 (5): 71-82.

[188] 邹昊飞,段京新. 境外合作区传递中国投资新理念[J]. 中国投资,2015(7):33-37.

[189] 邹忠全,谢廷宇,李琪. 税负对中国在东盟国家直接投资的影响研究[J]. 税务研究,2020(10):113-119.

[190] 左思明,朱明侠. "一带一路"沿线国家投资便利化测评与中国对外直接投资[J]. 财经理论与实践,2019,40(2):54-60.

[191] Aghion P., Bloom N., Blundell R., Griffith R., Howitt P. Competition and Innovation: An Inverted-U Relationship[J]. The Quarterly Journal of Economics, 2005, 120(2): 701-728.

[192] Baptista R., Swann P. Do Firms in Clusters Innovate More? [J]. Research Policy, 1998, 27(5): 525-540.

[193] Blonigen B A. In Search of Substitution between Foreign Production and Exports[J]. Journal of International Economics, 2001, 53(1): 81-104.

[194] Bloom N., Bond S., Van Reenen J. Uncertainty and Investment Dynamics[J]. The Review of Economic Studies, 2007, 74(2): 391-415.

[195] Blyde, J., D. Molina. Logistic Infrastructure and the International Location of Fragmented Production[J]. Journal of International Economics, 2015, 95(2): 319-332.

[196] Bonaime A, Gulen H, Ion M. Does Policy Uncertainty Affect Mergers and Acquisitions?[J]. Journal of Financial Economics, 2018, 129(3): 531-558.

[197] Bräutigam D., Tang X. "Going Global in Groups": Structural Transformation and China's Special Economic Zones Overseas[J]. World Development, 2014, 63: 78-91.

[198] Buckley P J, Jeremy Clegg L, Cross A R, et al. The Determinants of Chinese Outward Foreign Direct Investment[J]. Journal of International Business Studies, 2007, 38(4): 499-518.

[199] Busse M., Koniger J., Nunnenkamp P., et al. FDI Promotion

through Bilateral Investment Treaties More than a Bit [J]. Review of World Economics, 2010, 146 (1): 147-177.

[200] Chen H, Pan J, Xiao W. Chinese Outward Foreign Direct Investment and Industrial Upgrading from the Perspective of Differences among Countries [J]. China & World Economy, 2020, 28 (3): 1-28.

[201] Deborah Brautigam. The Dragon's Gift [J]. Overseas Development Institute London, 2010, 17 (1): 134-138.

[202] Delios A., W. J. Henisz. Policy Uncertainty and the Sequence of Entry by Japanese Firms, 1980—1998 [J]. Journal of International Business Studies, 2003, 34 (3): 227-241.

[203] Dixit A. International Trade, Foreign Direct Investment, and Security [J]. Annual Review of Economic, 2011 (3): 191-213.

[204] Eaton, J., A. Tamura. Bilateralism and Regionalism in Japanese and US Trade and Direct Foreign Investment Patterns [J]. Journal of the Japanese and International Economies, 1994, 8 (4): 478-510.

[205] Emlinger C., Poncet S. With a Little Help from My Friends: Multinational Retailers and China's Consumer Market Penetration [J]. Journal of International Economics, 2018, 112 (3): 1-12.

[206] Farole T, Akinci G. Special Economic Zones: Progress, Emerging Challenges, and Future Directions [J]. World Bank Publications, 2011 (72): 1-5.

[207] FIAS. Special Economic Zones: Performance, Lessons Learned, and Implications for Zone Development [R]. Washington, DC: Report of World Bank Group, 2008.

[208] Freund and Weinhold D. The Internet and International Treade in Services [J]. American Economic Review, 2002, 92 (2): 2433-2434.

[209] Gilmar Masiero, Mario, Henrique, Ogasavara, et al. Going Global in Groups: A Relevant Market Entry Strategy [J]. International Journal of Com-

merce and Management, 2017, 27 (1): 93 – 111.

[210] Helpman E. A Simple Theory of International Trade with Multinational Corporations [J]. Journal of Political Economy, 1984, 92 (3): 451 – 471.

[211] Helpman E., Yeaple M S R. Export versus FDI with Heterogeneous Firms [J]. The American Economic Review, 2004, 94 (1): 300 – 316.

[212] Keohane, R. O. After Hegemony: Cooperation and Discord in the World Political Economy [M]. New Jersey: Princeton University Press, 2005.

[213] Kumar, N. Infrastructure Availability, Foreign Direct Investment Inflows and Their Export – orientation: Across – country Exploration [J]. The Indian Economic Journal, 2006, 54 (1): 125 – 144.

[214] Lipsey R. E., M. Y. Weias. Foreign Product and Exports in Manufacturing Industries [J]. Review of Economics and Statistics, 1981 (4): 488 – 493.

[215] Long, C., and X. Zhang. Cluster – based Industrialization in China: Financing and Performance [J]. Journal of International Economics, 2011, 84 (1): 112 – 123.

[216] Markusen J. R., A. J. Venables. The Theory of Endowment, Intra – Industry and Multinational Trade [J]. Journal of International Economics, 2000, 52 (2): 209 – 234.

[217] Melitz M. J. The Impact of Trade on Intra – Industry Reallocations and Aggregate Industry Productivity [J]. Econometrica, 2003 (6): 1695 – 1725.

[218] Nguyen Q., Kim T. Policy Uncertainty, Derivatives Use, and Firm – Level FDI [J]. Journal of International Business Studies, 2017, 49 (2): 96 – 126.

[219] North, D. C. Institutions, Institutional Change and Economic Performance [M]. London: Cambridge University Press, 1990.

[220] Nuray Terzi. The impact of e – commerce on international trade and employment [J]. Procedia – Social and Behavioral Sciences, 2011, 24.

[221] Panousi, V, Papanikolaou, D. Investment, Idiosyncratic Risk, and Ownership [J]. Journal of Finance, 2012, 67 (3): 1113-1143.

[222] Raymond V. International Investment and International Trade in the Product Cycle [J]. Quarterly Journal of Economics, 1966 (2): 2.

[223] Rengifo. The Impact of Institutions and Exchange Rate Volatility on China's Outward FDI [J]. Emerging Markets Finance and Trade, 2018, 54 (12): 2778-2798.

[224] Ruan, J., X. Zhang, Finance and Cluster-based Industrial Development in China [J]. Economic Development and Cultural Change, 2009, 58 (1): 143-164.

[225] Syed Hasanat Shah, Muhammad Abdul Kamal, Hafsa Hasnat, et al. Does Institutional Difference Affect Chinese Outward Foreign Direct Investment? Evidence From Fuel and Non-Fuel Natural Resources [J]. Journal of the Asia Pacific Economy, 2019, 24 (4): 670-689.

[226] Tinbergen J. Shaping the World Economy: Suggestions for an International Economic Policy [M]. New York: Twentieth Century Fund, 1962.

[227] Tobin J L., Roseackerman S. When BITs Have Some Bite: The Political-Economic Environment for Bilateral Investment Treaties [J]. Review of International Organizations, 2011, 6 (1): 1-32.

[228] UNCTAD. World Investment Report [R]. New York: United Nations, 2006

[229] Weber, A. Alfred Weber's Theory of the Location of Industries [M]. Chicago: The University of Chicago Press, 1929.

[230] Welter F, Kautonen T. Trust, Social Networks and Enterprise Development: Exploring Evidence from East and West Germany [J]. Social Science Electronic Publishing, 2005, 1 (3): 367-379.

[231] Williamson, O. E. The New Institutional Economics: Taking Stock, Looking Ahead, Journal of Economic Literature [J]. 2000, 38 (3):

595 – 613.

[232] Zhao Lei, Hui Chulin et al. The Overseas Economic and Trade Cooperation Zones Sing the Song of Win – win Results for the Belt and Road Initiative [J]. Peace, 2019, 130 (1): 14 – 20.